AF465355

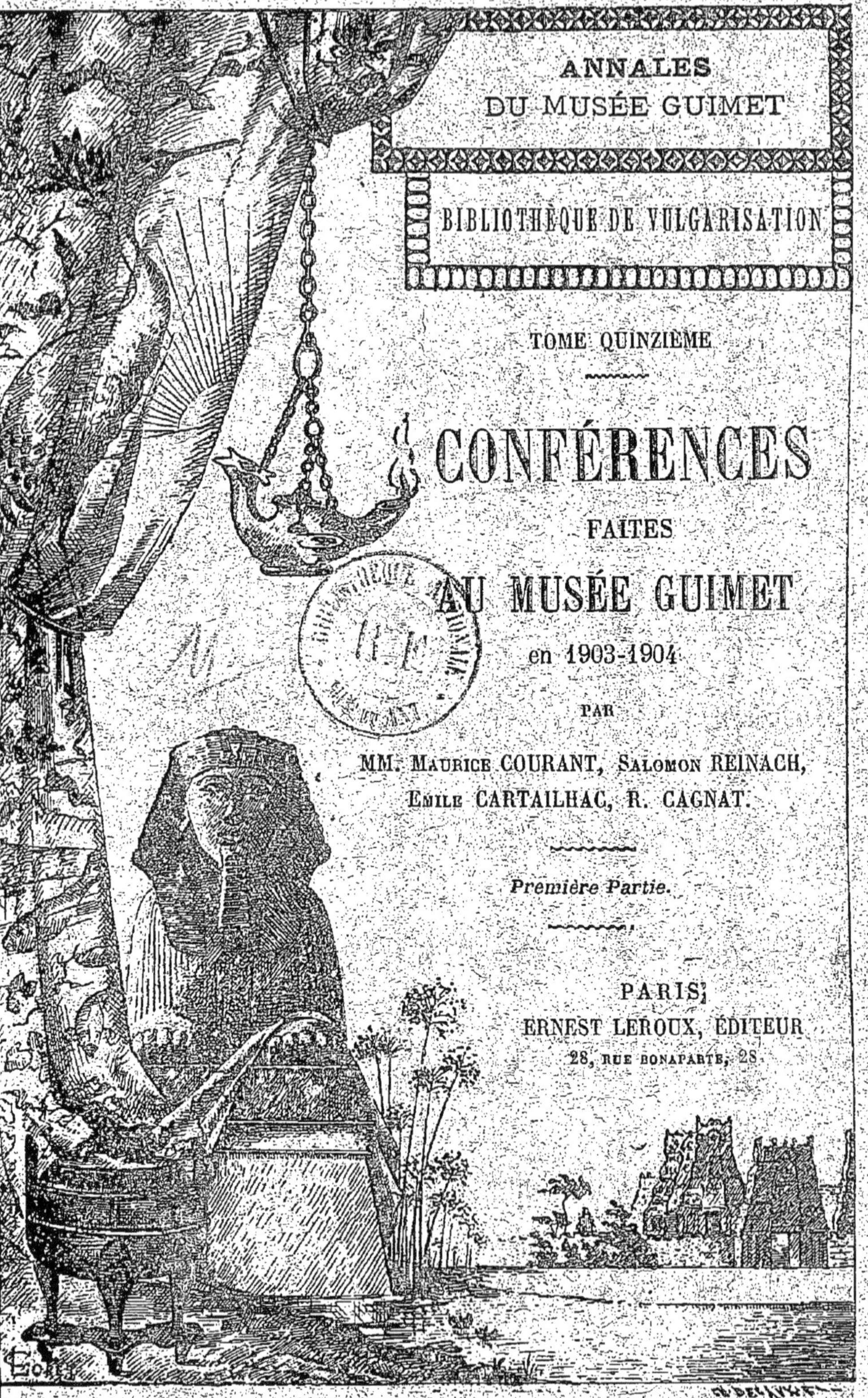

ANNALES
DU MUSÉE GUIMET
BIBLIOTHÈQUE DE VULGARISATION
TOME QUINZIÈME
CONFÉRENCES
FAITES
AU MUSÉE GUIMET
en 1903-1904
PAR
MM. MAURICE COURANT, SALOMON REINACH,
EMILE CARTAILHAC, R. CAGNAT.
Première Partie.
PARIS
ERNEST LEROUX, ÉDITEUR
28, RUE BONAPARTE, 28

ANNALES DU MUSÉE GUIMET

BIBLIOTHÈQUE DE VULGARISATION

TOME XV

CONFÉRENCES AU MUSÉE GUIMET

1903-1904

Première Partie

Angers. — Imprimerie A. Burdin et Cie.

CONFÉRENCES

FAITES

AU MUSÉE GUIMET

EN 1903-1904

PAR

MM. Maurice COURANT, Salomon REINACH,
Émile CARTAILHAC, R. CAGNAT.

PREMIÈRE PARTIE

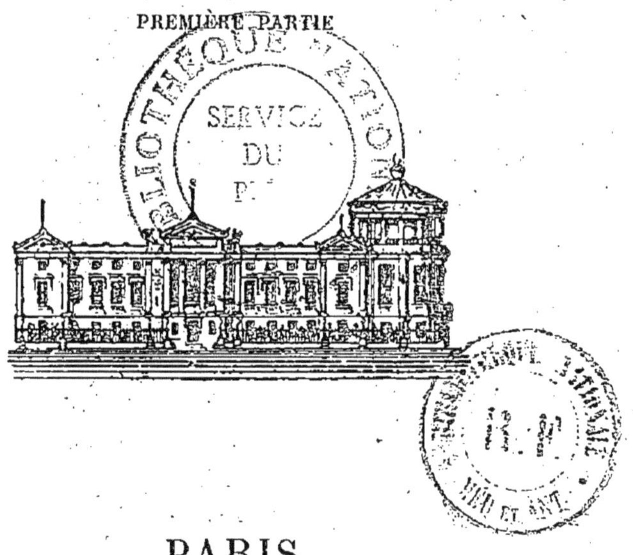

PARIS
ERNEST LEROUX, ÉDITEUR
28, RUE BONAPARTE, VIe

1904

CONFÉRENCE DU 29 MARS 1903

LES CLANS JAPONAIS

SOUS LES TOKOUGAWA (*TOKUGAHA*)[1]

PAR

M. MAURICE COURANT

Secrétaire-interprète au Ministère des Affaires Étrangères,
Professeur près la Chambre de Commerce de Lyon,
Maître de Conférences à l'Université de Lyon.

Un « souverain temporel », le taikoun 大君 (*tai-*

1. La première fois qu'un mot japonais se rencontre, j'en mets entre parenthèses la transcription exacte : celle-ci a pour base le syllabaire japonais, j'en ai donné le tableau dans ma Grammaire japonaise; ajouter seulement : *n̥* = nasalisation finale. Noter les principes suivants, pour la prononciation des mots japonais employés dans le texte : les voyelles sont prononcées SÉPARÉMENT sauf *ou* qui garde sa valeur française — *g* est toujours guttural — *ch* a le même son qu'en français, un peu mouillé — *h* a un son soufflé qui tend vers *f*, mais en reste distinct; dans un mot entre deux voyelles, elle est muette — *s* est intermédiaire entre *s* et *ch* du français — *z* est l'adoucissement de *s* — *w* a la même valeur qu'en anglais, il disparaît presque après *k* et *g* — les autres lettres gardent leur son français.

kun), de qui dépendent les finances, l'armée, l'administration, qui fait rendre la justice et domine l'organisation religieuse, qui règle les rapports avec l'étranger ; un « empereur spirituel », le mikado 帝 (*mikado*), descendant des dieux, vivant au centre du pays dans un palais inaccessible, dont la charge mal définie se borne à célébrer les sacrifices et à accomplir les rites ; des seigneurs, les daimyô 大名 (*daimiyau*) orgueilleux de leur noblesse, humbles devant le taikoun et ses représentants, couvrant de déférence leurs ambitions et leurs intrigues. Tel paraît le Japon aux Américains et aux Anglais, aux Français, aux Hollandais et aux Russes, vers 1850 ; tel à peu près l'avaient vu les Portugais et les Espagnols à la fin du XVIe, au début du XVIIe siècle. Si le palais impérial a été rebâti, l'autorité impériale est en ruine, maintenant comme alors ; les daimyô jadis turbulents, luttant contre Ota Nobounaga 織田信長 (*Ota Nobunaga*), écrasés par Toyotomi Hidéyosi 豐臣秀吉 (*Toyotomi Hideyosi*), maîtrisés par Tokougawa Ihéyasou 德川家康 (*Tokugaha Iheyasu*), se courbent, non sans frémir, sous le pouvoir des chôgoun 將軍 (*siyaugun*) : Ihéyasou a fait revivre pour lui et ses successeurs ce titre traditionnel. La paix qui règne dans l'Empire depuis deux siècles et demi, semble établie définitivement. Combien la façade était trompeuse, encore plus au XIXe siècle qu'au XVIIe, c'est ce que les événements de la Restauration nous ont montré : une partie des daimyô, soulevés par l'idée légitimiste, se sont soustraits au pouvoir chôgounal tenu pour usurpé, ont rendu à l'Empereur seul l'exercice de l'autorité. Les forces féodales qui soutenaient Édo 江戶 (*Edo*), se déplacent, appuient Kyôto 京都 (*Kiyauto*) : c'est la première manifestation de la révolution. Quelles étaient ces forces ? Je veux essayer de le retracer.

Le Japon d'alors était en majeure partie divisé en fiefs territoriaux, han 藩 (*han*) ; chaque fief était gouverné par une oligarchie ou clan, han 藩, (*han*) au sommet de laquelle trônait le seigneur, hanchou 藩主 (*hansiyu*) : il faut donc étudier les droits et les devoirs du seigneur et du clan l'un envers l'autre, aussi bien qu'à l'égard de la population du fief et des autorités extérieures au fief. Le chôgoun, seigneur du Kwantô 關東 (*kuwantou*), est vassal de l'Empereur, il est le plus grand des seigneurs féodaux : à ce titre j'indiquerai l'organisation de son fief, mais je laisserai de côté ce qui exprime sa qualité de lieutenant-général de l'Empire.

I

Le seigneur est chef d'état et, comme tel, il choisit ses officiers et fonctionnaires. Les exemples, naturellement, abondent ; aucun n'est peut-être plus caractéristique que le suivant. En janvier-février 1831, Sigétaka 重豪 (*Sigetaka*)[1], seigneur de Satsouma 薩摩 (*Satuma*) disgracie ses conseillers ; il confie pour dix ans, de 1831 à 1840, l'administration et la réforme de la seigneurie à Djoûcho Chôzaémon 調所笑左衛門 (*Ziyuusiyo Siyauzawemon*). Celui-ci conserve le pouvoir après la mort de Sigétaka (février-mars 1833) jusqu'en 1848 et s'applique avant tout à la réforme financière. Il renouvelle par sa surveillance personnelle l'exploitation des sucres de Misima 三島 (*Misima*) et de quelques autres den-

1. Souvent désigné d'un surnom : Éi-ô 榮翁 (*Eiou*).

rées de prix; tous les ans, il consacre environ trois mois à se rendre en personne à Ôsaka 大坂 (*Ohosaka*) et à Édo pour conclure des marchés et régler les questions commerciales de la seigneurie. Il peut ainsi non seulement constituer une réserve importante gardée dans le hôzô 寳藏 (*hauzau*) sous le sceau du seigneur; il fait face aussi à des dépenses pour les travaux publics (creusement des fleuves et des ports, construction de routes et de ponts), pour l'armement (substitution de compagnies de fusiliers aux anciennes unités, fabrication de fusils et de canons, établissement d'arsenaux et de forteresses, nouveaux règlements pour le recrutement, pour le transport des vivres et munitions), pour les transports maritimes (construction de jonques, établissement de voyages réguliers entre les différents ports de la seigneurie, les îles Ryoukyou 琉球 (*Riukiu*) et les centres commerciaux du Japon).

Ainsi, sans aucune intervention extérieure, le seigneur avec ses ministres règle sa politique, modifie le système financier, militaire, crée une marine, entre en rapports commerciaux avec d'autres seigneuries.

Quelques années plus tard, Nariaki 齊彬, (*Nariaki*) l'un des successeurs de Sigétaka (1851-1858) procède aussi librement à ses réformes qui complètent les précédentes. Ses bateaux à vapeur sont les premiers construits au Japon; ses côtes sont garnies de torpilles, ses frontières défendues par la cavalerie qu'il crée. Il donne une attention soutenue à l'instruction publique, fonde des écoles dans les districts, renouvelle les règles du Zôsi-kwan 造士舘 (*Żausikuwan*), la principale école de sa capitale : il en bannit les amplifications littéraires, y prescrit l'étude intelligente de la morale et de l'histoire chinoises, de l'histoire et des lois nationales, des sciences européennes.

Fréquemment sous les Tokougawa, les seigneurs fondent des écoles, remanient leurs finances, réforment le système économique de leurs domaines; les émissions de papier-monnaie, les emprunts aux grands marchands de Édo et d'Ôsaka sont innombrables.

Le bakou-hou 幕府 (*baku-hu*), gouvernement du chôgoun, n'intervient dans les seigneuries qu'en cas de dissensions : il agit alors comme autorité supérieure, donne des ordres et est obéi. Nariaki

齊昭 (*Nariaki*)[1], seigneur de Mito 水戶 (*Mito*), en 1842, fait fondre en canons les cloches des temples, exerce les troupes, change le mode de location des terres domaniales, modifie les lois sur les prêts d'argent; le bakou-hou le laisse agir. Mais un parti s'organise à Mito, accuse le seigneur : le bakou-hou met celui-ci aux arrêts, kinsin 謹愼 (*kinsin*), et lui donne son fils Yosiatsou 慶篤 (*Yosiatu*) pour successeur (1844). A la fin de 1849, une question de succession éventuelle trouble le Satsouma, cause des harakiri, des bannissements : le bakou-hou prescrit au seigneur Narioki 齊興 (*Nariwoki*) de se retirer et de remettre le pouvoir à son fils aîné Nariaki, héritier désigné (début de 1851). Le bakou-hou apparaît ainsi comme pouvoir régulateur[2]; mais jusqu'à désap-

1. Souvent désigné par son nom posthume, Rekkô 烈公 (*Retukou*).

2. Bouké cho hatto 武家諸法度 (*Buke siyo hatuto*) promulgués en août-septembre 1615, art. 6 : « En toute province, si un château doit être réparé, avis en doit être donné à l'autorité supérieure. En outre la construction d'un château neuf est sévèrement interdite ». La défense, répétée dans les

probation manifestée, le seigneur reste maître de ses actes, libre dans son administration. Contre la seigneurie qui résiste aux ordres du bakou-hou, il n'y a de ressource que l'expédition de châtiment, séibatsou 征伐 (*seibatu*), séitô 征討 (*seitau*), prévue et ordonnée dans les Cent Lois de Ihéyasou, séiken hyakka djô 成憲百箇條 (*seiken hiyaku ka deu*) « contre tout seigneur qui violerait les lois et tyranniserait le peuple » (Rudorff, 100 Gesetze, art. 11)[1]. A partir de 1863, le Nagato 長門 (*Nagato*) suit une politique agressive contre les étrangers, opposée à celle du bakou-hou, attaque la résidence impériale parce que l'influence du chôgoun y domine : de là résulte la double expédition de 1864 et de 1866 qui mène à la chute des Tokougawa.

Le seigneur a seul le droit d'accorder la naturalisation à un homme d'un autre clan, le passage d'une seigneurie à une autre étant interdit. Ainsi

Bouké cho hatto ultérieurs, ne paraît avoir été strictement mise en vigueur qu'au début du chôgounat. Les principaux daimyô n'en ont pas tenu compte, l'exemple du Satsouma le prouve.

1. Les Cent Lois n'étant pas numérotées, je les cite d'après Rudorff, Tokugawa — Gesetz — Sammlung (voir bibliographie); j'ai toujours comparé la traduction au texte japonais.

Kousakabé Mourazi 日下部連 (*Kusakabe Murazi*) s'étant enfui du Satsouma en 1849-50, son fils Isazi 伊三次 (*Isazi*) fut agrégé au clan de Mito par une entente spéciale des deux seigneurs. Quant aux paysans, on verra plus loin quelles difficultés l'organisation communale opposait au simple passage d'un village à l'autre.

Pour la justice, le seigneur a plein pouvoir : j'indiquerai plus loin l'organisation judiciaire. Si l'on se borne aux affaires d'un intérêt général et qui sont notées par les historiens, les exemples de condamnations diverses prononcées par les daimyô contre leurs sujets, ne se comptent pas dans les années qui précèdent la Restauration ; ils sont fréquents dans toute la période des Tokougawa. Sur ce terrain également, le bakou-hou intervient, soit directement par ses agents, soit par injonctions aux seigneurs, lorsque sa politique est intéressée. C'est ainsi qu'il emprisonne Houdzita Tôko 藤田東湖 (*Hudita Touko*), de Mito, en 1844; qu'il se fait livrer par le Nagato et qu'il exécute (1859) Yosida Chôin 吉田松陰 (*Yosida Siyouin*). Dans d'autres circonstances, il remet le coupable à son seigneur chargé de le punir. Mais parfois le seigneur se sousirait à l'ordre donné : ainsi, profitant d'un suicide manqué (fin de 1858), le gouvernement du Satsouma déclare mort Saigô Takamori 西郷隆盛 (*Saigau Takamori*) et l'exile aux îles Ryoukyou sous un nom supposé.

Pour les relations extérieures, les seigneurs sont dans une plus stricte dépendance. Il n'est plus question d'ambassades en Europe, comme celles qui furent envoyées par Ôtomo Sôrin 大友宗麟 (*Ohotomo Sourin*), de Boungo 豐後 (*Bungo*), Arima Harounobou 有馬晴信 (*Arima Harunobu*), de Kouroumé 久留米 (*Kurume*), Ômoura Soumitada 大村純忠 (*Ohomura Sumitada*), d'Ômoura (1582), puis par Daté Masamouné 伊達正宗 (*Date Masamune*) de Sendai 仙臺 (*Sendai*) (1613). Des ordres du bakou-hou, en date du 6 mai 1633 et du 22 juin 1636, ont chassé les étrangers du Japon, défendu aux Japonais de sortir de l'Empire, à ceux qui sont absents d'y rentrer passé un délai de cinq ans ; la peine de mort est prononcée contre les délinquants. Pour assurer l'obéissance et arrêter les voyages lointains, la construction des grandes jonques[1] est interdite. Mais les Sô 宗 (*Sou*), de Tsousima 對馬 (*Tu-sima*), sont investis du privilège de commercer avec la Corée[2]; jusqu'à la Restauration, ils transmettent les messages entre Édo et Seoul, plus rarement ils escortent les envoyés de l'une ou l'autre cour. Les Simadzou 島津 (*Simadu*), de Satsouma, ont soumis[3] à leur suzeraineté le roi des Ryoukyou (1609); ils ont réorganisé l'administration de son royaume et mis à sa cour un agent politique, chargé surtout de surveiller les rapports

1. 500 kokou, 石 (*koku*) et au-dessus (Bouké cho hatto, de 1617, art. 17). La construction de nouvelles jonques de guerre était défendue depuis 1609.

2. Les relations entre les Sô, seigneurs de Tsousima, et la Corée remontent au moins à une convention passée en 1443 avec Sô Sadamori 宗貞盛 (*Sou Sadamori*) et autorisant ce seigneur à envoyer annuellement 50 jonques marchandes. Les envoyés de Tsousima venaient alors jusqu'à Seoul; après la guerre de 1592-1598, ils ne furent plus autorisés à dépasser Pou-san 釜山.

3. Les Simadzou avaient, dès le troisième quart du XIIe siècle, soumis les plus septentrionales des Ryoukyou. En 1609, ils firent une expédition jusqu'à la capitale, Chou-i 首里, emmenèrent le roi prisonnier, le conduisirent rendre hommage au chôgoun (1610) et le relâchèrent en lui imposant un traité.

extérieurs ; au XIXe siècle, un agent japonais, habillé en Loutchouan, assiste incognito à toutes les entrevues des officiers européens avec les mandarins du pays ; une garde japonaise le soutient. Depuis 1631, quelques fonctionnaires du Satsouma, mêlés aux marchands loutchouans, vont annuellement faire à Fou-tcheou 福州 de fructueuses opérations commerciales pour le compte de leur maître ; des transactions régulières sont établies à Nafa 那霸 entre les sujets du Satsouma et les Chinois.

Dans ces relations extérieures traditionnelles, le bakou-hou ne s'immisce que pour les consacrer. Au début du XIXe siècle, les principaux seigneurs maritimes voient l'impossibilité de maintenir la clôture du Japon. Sigétaka, de Satsouma, profite du crédit que lui assure à Édo une alliance de famille, pour exposer un plan d'établissements commerciaux dans l'Inde, en Annam, en Chine, en Corée. Ses idées ne sont pas adoptées, mais l'ouverture du pays conserve des partisans : Nariaki, de Mito, fait passer, dit-on, aux États-Unis une lettre, peu après arrive le commodore Perry. Nariaki, de Satsouma, obtient du bakou-hou (1859) la suppression de quelques-uns des règlements restreignant la construction des jonques de mer; il projette l'ouverture au commerce d'Ôsima 大島 (*Ohosima*), l'une des Ryoukyou, et de Yamagawa 山川 (*Yamagaha*), à l'entrée de la baie de Kagosima 鹿島 (*Kagosima*). Quand s'accentue la décadence du bakou-hou, les rapports avec les « barbares » se multiplient : ce sont des fonctionnaires du Satsouma qui vont, en novembre 1863, régler avec le colonel Neale, chargé d'affaires britannique, la question du meurtre de Richardson; les officiers du chôgoun ne paraissent que pour attester l'identité des envoyés du Satsouma. A la même époque, le Satsouma, le Nagato ont des agents à Nagasaki 長崎 (*Nagasaki*), à Yokohama 横濱 (*Yokohama*), à Chang-hai 上海, pour l'achat de bateaux et de matériel de guerre. En 1867, Iwasita Masahira 岩下方平 (*Ihaŝita Masahira*), de Satsouma, est envoyé à Paris; l'envoyé accrédité par le bakou-hou empêche qu'il soit reçu par l'empereur Napoléon III : mais à l'Exposition Universelle, les produits du Satsouma sont à part, sous la mention : gouvernement du Satsouma, Japon 日本薩摩政府 et sous le pavillon national japonais ; l'exposition du bakouhou porte la mention : gouvernement du taikoun, Japon 日本大君政府, et arbore aussi le pavillon national. Les deux gouvernements sont mis sur la même ligne. Iwasita profite de son voyage pour engager au service des Simadzou un Français, le comte de Montblanc.

Sous tous les Tokougawa, les rapports des daimyô entre eux et avec la Cour impériale sont surveillés de près : le chôgoun, au milieu de tous les daimyô chef d'état, maintient sa prééminence, en partie, par des combinaisons d'alliances, par des oppositions d'influences qui ont tout le caractère d'une politique extérieure. La maison des Tokougawa a confirmé ou établi les feudataires, qui subsistent pour la plupart pendant les XVIIe, XVIIIe et XIXe siècles; elle peut ainsi compter sur la reconnaissance et l'appui d'une partie des maisons seigneuriales. Les liens ainsi formés se perpétuent par la tradition, qui est une force de premier ordre dans la société japonaise; ils sont renforcés par l'intérêt, le chôgoun s'étant réservé la plus grande part des revenus et des troupes, ayant directement la distribution des domaines et des fonctions, indirectement la disposition des titres que toute la noblesse ambitionne[1]. Les faveurs, les préséances, les compétitions adroitement employées mettent presque chaque famille seigneuriale dans une situation à part qu'elle doit défendre contre des rivaux, qu'elle cherche à accroître en face d'autres plus ou moins favorisés. Les rapports entre les Tokougawa et les principaux seigneurs sont resserrés par des alliances, mariages et adoptions. Le caractère politique de ces alliances est si marqué que les chôgoun répètent avec insistance la défense formulée par Hidéyosi relativement aux mariages; on la retrouve dans presque tous les Bouké cho hatto, publiés sous chaque règne chôgounal. « Les seigneurs kokouchou 國主 (*kokusiyu*) et djôchou 城主 (*ziyausiyu*), ceux qui ont plus de dix mille kokou de revenu nominal, aussi bien que les

1. En 1801, le bakou-hou établit deux commissaires, bougyô 奉行 (*bugiyau*), à Hakodaté 箱館 (*Hakodate*), il demande à la Cour de nommer l'un d'eux, seigneur d'Aki 安藝守 (*Aki no kami*) et le second, seigneur de Tsikouzen 筑前守 (*Tikuzen no kami*).

kindjou monogasira 近習之物頭 (*kinzihu monogasira*) (grade militaire) ne peuvent contracter mariage *privatim*. — Les mariages ne peuvent être conclus qu'après approbation du bakou-hou ».

Les mêmes documents interdisent également toute association des seigneurs par serment ou autrement.

A l'égard de la noblesse de cour, kougé 公家 (*kuge*), et de l'Empereur même, les défenses sont encore plus sévères; elles sont inscrites dans les articles 9, 10 et 11 du document qui est appelé les Dix-huit Lois pour les deux noblesses, koubou hasséi ôtchokou djouhakka djô 公武法制應勅十八箇條 *kubu hatusei woutiyoku zihuhati ka deu*, et qui a été promulgué par Ihéyasou en septembre-octobre 1615 : « Les seigneurs de toutes les provinces ne devront pas se rendre dans le Palais, quand même ils en auraient reçu l'ordre de l'Empereur. Les seigneurs des provinces occidentales, lors de leurs voyages [à Édo], ne devront pas traverser la Capitale. Si un seigneur passe en secret par Kyôto, le fait étant divulgué, sa race sera éteinte, quelle que soit l'importance de ses revenus. Si un seigneur désire visiter les parties de la ville situées hors de la ville impériale, il devra en demander l'autorisation qui pourra lui être accordée. Même muni de cette autorisation, il ne devra pas dépasser le milieu du pont Sandjô 三條 (*Sandeu*). — La collation de charges officielles[1] aux daimyô qui y ont droit par le rang de leur maison, aura lieu par les soins du bettô des deux salles[2]. Si un seigneur désirant une promotion de rang s'adresse directement aux conseillers de l'Empereur, lui-même, le conseiller ayant présenté le rapport et les autres intermédiaires seront punis sans délai. — Pour les mariages entre kougé et bouké[3], il en est donné avis au Kwantô[4]; le chô-

1. Kwan chokou 官職 (*kuwan siyoku*) : les charges conférées par la Cour aux daimyô, purement honorifiques, donnaient seules pleinement une condition de droit, les emplois du bakou-hou conservant un caractère de fait et résoluble.

2. Ryô in no bettô 兩院の別當 (*riyau win no betutau*) : titre porté par le chôgoun et qui lui donne autorité sur les princes et les kougé.

3. 武家 (*buke*), noblesse féodale.

4. Le domaine du chôgoun, et par extension le gouvernement chôgounal. Le Kwantô comprend les provinces de Sagami 相模 (*Sagami*), Mousasi 武藏 (*Musasi*), Kôtsouké

goun ayant autorisé, alors on pourra accomplir l'union. Au cas où les conventions seraient faites sans cette procédure, il y aurait crime. Si de plus il était connu que, pour une telle union, des pourparlers ont eu lieu à la Cour, il y aurait crime grave. »

De telles prescriptions s'adressent non à des sujets, mais à des égaux, rivaux éventuels. Les seigneurs s'y conforment aussi longtemps que dure la prédominance des Tokougawa. A Édo, pendant leurs périodes de séjour, dans leurs fiefs, en voyage même, les seigneurs se rencontrent difficilement en personne, à cause des questions de préséance, du caractère public, dépourvu de secret, de leurs actes, de l'espionnage pratiqué par les agents du

上野 (*Kautuke*), Simotsouké 下野 (*Simotuke*), Hitatsi 常陸 (*Hitati*), Katsousa 上總 (*Katusa*), Simôsa 下總 (*Simousa*), Awa 安房 (*Aha*). Le domaine du chôgoun s'étend en outre sur les provinces suivantes : Mikawa 參河 (*Mikaha*), Tôtômi 遠江 (*Toholahumi*), Sourouga 駿河 (*Suruga*), Kahi 甲斐 (*Kahi*), Sinano 信濃 (*Sinano*), et sur des possessions éloignées, engokou 遠國 (*engoku*).

bakou-hou. Mais par leurs pages, secrétaires, hommes de confiance, qui voyagent sans difficulté ouvertement ou incognito, ils sont les uns avec les autres en communications constantes; leurs agents les plus utiles sont les rousoui 留守居 (*rusuwi*) et les fonctionnaires, représentants, officiers de leur garde, attachés aux résidences ou yasiki 屋敷 (*yasiki*), que chaque seigneur important possède à Édo, dans les faubourgs de Édo, à Nikkwô 日光 (*Nitukuwau*), à Housimi 伏見 (*Husimi*), à Ôsaka, etc.; ils ont là toute une diplomatie reconnue pour leurs rapports avec le bakou-hou et les agents du bakou-hou, et qui a toujours un rôle officieux à côté.

II

Pour l'administration intérieure du fief comme pour les relations extérieures, le daimyô est donc le chef d'un état dépendant : son pouvoir se complète par l'hérédité. La perpétuité de la famille, reposant comme en Chine sur le culte des ancêtres, est recherchée dans toutes les classes par les mêmes moyens : mariages secondaires à côté du mariage principal, adoption. Ces principes sociaux, assurant la durée des états feudataires, ont été reconnus et consacrés par les Cent Lois comme par les Dix-huit Lois[1]. Le fief territorial, ryôtsi 領地 (*riyauti*) ou siro 城 (*siro*) est perpétuel, passe à l'héritier qui est le fils par nature ou par adoption. L'aîné, d'habitude, succède, sauf exceptions motivées et agréées par le seigneur suzerain. Un fils adoptif n'est choisi qu'en l'absence de descendant mâle ; il est pris d'abord parmi les agnats de naissance légitime, à défaut d'agnats parmi les

1. Dix-huit Lois, loi 8 (Rudorff, 7) — Cent Lois, lois 45, 46, 53.

membres des familles d'égale noblesse. La succession d'un frère à son frère n'est pas rare. La succession s'ouvre soit par la mort du titulaire, soit par sa retraite, inkyo 隱居 (*inkiyo*) : il est d'usage que, vers cinquante ans, le vassal renonce volontairement au fief en faveur de son héritier et quitte la vie active, tout en gardant souvent une voix écoutée dans les conseils du clan. Parfois la retraite est imposée au chef du clan, soit par le clan même, soit par le suzerain.

Ainsi est réglée l'hérédité du fief. La 48e des Cent Lois est de la teneur suivante : « A l'exception des anciens kokousi 國司 (*kokusi*)[1], tous les seigneurs de moindre rang ne doivent pas conserver leurs territoires à perpétuité. Tous les ans, il doit être rendu compte et disposé à nouveau. Quand les seigneurs possèdent à perpétuité les territoires, ils deviennent orgueilleux et tyranniques ». Cette règle, appliquée exactement, eût fait de la plupart des daimyô des fonctionnaires et concentré le pouvoir dans la main du chôgoun. Après la nouvelle distribution des territoires qui suivit la bataille de Sékigahara 關原 (*Seki ga*

1. Autre désignation des kokouchou; voir p. 39.

hara) (21 octobre 1600), les changements de ce genre furent d'abord fréquents; en 1619, la seigneurie d'Aki fut retirée à Houkousima Masanori 福島正則 (*Hukusima Masanori*), qui avait de sa propre autorité construit des forteresses, cette seigneurie fut donnée aux Asano 淺野 (*Asano*); en 1633, le Higo 肥後 (*Higo*) fut retiré aux Katô 加藤 (*Katou*) accusés de conspiration et donné aux Hosokawa 細川 (*Hosokaha*). Plus tard les déplacements deviennent rares; parmi les vassaux mêmes du chôgoun, ils n'ont lieu que pour motifs graves, mauvaise administration ou opposition à la politique du bakou-hou. Plutôt que d'en arriver à cette mesure, le bakou-hou condamne le seigneur aux arrêts, à temps ou pour un délai indéterminé, lui ordonne de faire inkyo, de remettre le fief à son héritier, retranche une partie du territoire et des revenus du fief : les exemples de pareils châtiments ne manquent pas. Mais les historiens apportent un soin particulier à noter le transfert des daimyô, quand même les intéressés ne jouissent pas d'une notoriété de premier rang. Ainsi, en 1823, le seigneur de Sirakawa 白河

(*Sirakaha*) est transféré à Kouwana 桑名 (*Kuhana*), le seigneur de Kouwana est transféré à Osi 忍 (*Osi*) et le seigneur d'Osi va à Sirakawa : la raison de ce changement est que Matsoudahira Sadanaga 松平定永 (*Matudahira Sadanaga*), jadis seigneur de Kouwana, avait été mis à Sirakawa en raison de quelque faute : par faveur spéciale, il rentre alors dans son ancien fief.

Dans ces conditions d'hérédité, plusieurs maisons régnantes remontent au XIIe siècle et aux siècles suivants, à une époque où les ancêtres des Tokougawa étaient de fort petits seigneurs; d'autres, et de puissantes, datent de la fin du XVIe et du début du XVIIe siècle, de l'époque des remaniements territoriaux où s'est établie la suprématie des Tokougawa. Ihéyasou ayant été nommé chôgoun en 1603, une partie seulement de ces maisons récentes doivent leur élévation à lui ou à ses successeurs : la tradition ne justifie donc pas la primauté conquise par ses armes. Auprès des Simadzou et des Sô, qui tiennent leurs fiefs depuis le XIIe siècle, les Tokougawa et beaucoup d'autres semblent un peu des parvenus. D'autant plus que, si les Tokougawa sortent des Minamoto 源 (*Mina-*

moto), les Simadzou remontent soit aux Minamoto, soit aux Houdziwara 藤原 (*Hudihara*), les Sô aux Tahira 平 (*Tahira*).

Je donne ci-dessous la liste des daimyô dont le revenu nominal dépasse 250.000 kokou [1]; j'y ai seulement ajouté deux seigneurs moins riches, en raison du rôle historique ou politique de leur fief [2].

1. Le kokou 石 (*koku*) est une mesure de 180 litres : les revenus étaient évalués en kokou de riz. La valeur d'un kokou de riz a beaucoup varié. Au XVIIIe siècle, le prix admis comme normal était de 15 mommé 匁 (*monme*), soit 3 gr. 7565 × 15 = 56 gr. 34 d'argent par kokou; il s'est élevé à 140 mommé en temps de famine. D'après d'autres données, la valeur du kokou aurait varié de 15 à 27 francs. — Le revenu nominal, sôdaka 總高 (*soudaka*) ou sôdaka 草高 (*saudaka*, prononcé aussi *kusadaka*), comprend tout le produit moyen de la terre, soit le revenu net, genkokou 現石 (*genkoku*) payé au seigneur, plus le revenu du paysan.

2. Un décret du 25 juillet 1869 a converti les fiefs en préfectures; à ce décret est annexée une liste des fiefs existants, avec le revenu nominal, le revenu net, le nom du titulaire, etc. A la suite de la Restauration, le revenu de plusieurs fiefs avait été diminué, en même temps que quelques seigneurs avaient été transférés. Cette liste indique 274 daimyô; le titre n'appartenait qu'aux seigneurs ayant au moins 10.000 kokou de revenu.

Nom du seigneur h = houdai k = kamon s = sanké	Nom du fief	Ville de résidence	Revenu nominal (milliers de kokou)	Origine
Asano (*Asano*) 淺野	Aki (*Aki*) 安藝	Hirosima (*Hirosima*) 廣島	426	seigneurs de Kahi 甲ヨ (*Kahi*) sous Hidéyosi; de K 紀伊 (*Kii*) en 1600; d'Aki en 1617 ou 1619.
Daté (*Date*) 伊達	Sendai (*Sendai*) 仙臺	Sendai	625 (en 1869, 280)	famille ancienne, seigneu en Moutsou 陸奥 (*Mutu* XIIe s.; à Sendai, depuis 160
Hatsisouka (*Hatisuka*) 蜂須賀	Awa (*Aha*) 阿波	Tokousima (*Tokusima*) 德島	257	seigneurs en 1583; en Aw 1585
Hosina (k) 保科 (*Hosina*); en 1869 Matsoudahira (*Matudahira*) 松平	Ahidzou (*Ahidu*) 會津	Wakamatsou (*Wakamatu*) 若松 en 1869 Tonami (*Tonami*) 斗南	230 (en 1869, 30)	Masayouki (*Masayuki*) 正之 4e fils du chôgou Hidétada 秀忠 (*Hideta da*), seigneur de Takatô 高遠 (*Takatoho*) en 1612 à Mogami 最上 (*Mogami*) en 1636, à Wakamatsou en 1643.
Hosokawa (*Hosokaha*) 細川	Higo (*Higo*) 肥後	Koumamoto (*Kumamoto*) 熊本	540	seigneurs en 1573; peu aprè en Tango 丹後 (*Tango*) en Boungo 豐後 (*Bungo*) 1599; en Bouzen 豐前 (*Buzen*), 1600; en Higo, 1633.

Nom seigneur ⚌ houdai ⚌ kamon ⚌ sanké	Nom du fief	Ville de résidence	Revenu nominal (milliers de kokou)	Origine
(h) (*Wii*) 伊	Hikoné (*Hikone*) 彦根	Hikoné	350 (en 1869, 250)	famille vassale des Tokougawa, remise en possession d'un fief, 1575; transférée à Hikoné (Ômi 近江 *Ahumi*) 1600
éda *Ikeda* 田	Bizen (*Bizen*) 備前	Okayama (*Wokayama*) 岡山	315	seigneurs en 1570; en Harima 播磨 (*Harima*), Bizen, Awadzi 淡路 (*Ahadi*) 1600; branche cadette en Bizen.
éda (Maoudahira)	Inaba (*Inaba*) 因幡	Tottori (*Toritori*) 鳥取	325	branche aînée en Harima, bientôt transférée en Inaba; d'autres échanges eurent lieu ensuite entre les deux branches.
Kouroda (*Kuroda*) 黒田	Tsikouzen (*Tikuzen*) 筑前	Houkouoka (*Hukuwoka*) 福岡	520	seigneurs en 1587 en Bouzen; en Tsikouzen (1600).
Mahéda (*Maheda*) 前田	Kaga (*Kaga*) 加賀	Kanazawa (*Kanazaha*) 金澤	1022	seigneur en 1573; à Noto 能登 (*Noto*), 1581; à Kanazawa, 1583.
atsoudahira (k)	Étsizen (*Etizen*) 越前	Houkoui (*Hukuwi*) 福井	320	Tadamasa (*Tadamasa*) 忠昌 fils cadet de Hidéyasou 秀康 (*Hideyasu*), second fils de Ihéyasou : seigneur de Kawanakazima 川中島 (*Kahanakazima*), 1616; de Takada (*Takada*), 高田 1619; de Étsizen, 1624.

Nom du seigneur h = houdai k = kamon s = sanké	Nom du fief	Ville de résidence	Revenu nominal (milliers de kokou)	Origine
Matsoudahira (k)	Kouwana (*Kuhana*) 桑名	Kouwana	110 (en 1869, 60)	Sadakatsou 定勝 (*dakatu*), frère cadet de yasou, seigneur de Kak gawa 掛川 (*Kakega* 1601; de Kouwana en I 伊勢 (*Ise*), 1617.
Môri (*Mauri*) 毛利	Nagato (*Nagato*) 長門	Hagi (*Hagi*) 萩 en 1869, Yamagoutsi *Yamaguti*). 山口	369	ancienne famille, maître du fief d'Aki, puis de to l'ouest de Honchou (*Honsi* 本州 au XVIe siéc réduite en 1600 au Naga et au Souô 周防 (*Suh*
Nabésima (*Nabesima*) 鍋島	Hizen (*Hizen*) 肥前	Saga (*Saga*) 佐賀	357	seigneurs en 1529; à Sa 1584; seigneurs de Hize 1587.
Simadzou (*Simadu*) 島津	Satsouma (*Satuma*) 薩摩	Kagosima (*Kagosima*) 鹿島	770	seigneurs de Satsouma, 11 antérieurement d'après d' tres données; maîtres d l'Ôsoumi 大隅 (*Oho mi*); confirmés en Ôsoumi Hiouga 日向 (*Hiuga* 1585.
Sô (*Sou*) 宗	Tsousima (*Tusima*) 對馬	Houtchou (*Hutiu*) 府中	100 (en 1869, 52)	gouverneurs de Tsousim 1246; puis seigneurs.
Tôdô (*Toudau*) 藤堂	Tsou (*Tu*) 津	Tsou	323	seigneurs un peu avant 15 à Tsou en Isé, 1608.

Nom u seigneur h = houdai k = kamon s = sankê	Nom du fief	Ville de résidence	Revenu nominal (milliers de kokou)	Origine
Tokougawa (s)	Owari (*Wohari*) 尾張	Nagoya (*Nagoya*) 名古屋	619	Yosinaho 義直 (*Yosinaho*); 9e fils de Ihéyasou, seigneur de Kahi, 1603; d'Owari, 1607.
Tokougawa (s)	Kii (*Kii*) 紀伊	Wakayama (*Wakayama*) 和歌山	555	Yorinobou 頼宣 (*Yorinobu*), 10e fils de Ihéyasou, seigneur de Mito 水戸 (*Mito*), 1603; de Sourouga 駿河 (*Suruga*) et Tôtômi 遠江 (*Tohotahumi*), 1609; de Kii, 1619.
Tokougawa (s)	Mito (*Mito*) 水戸	Mito	350	Yorihousa 頼房 (*Yorihusa*), 11e fils de Ihéyasou, seigneur de Simotsouma 下妻 (*Simotuma*) en Hitatsi 常陸 (*Hitati*), 1606; de Mito, 1609.
Yamanooutsi (*Yamanouti*) 山内	Tosa (*Tosa*) 土佐	Kôtsi (*Kauti*) 高知	242	seigneurs en 1583; en Tosa, 1600.

La pacification même de l'Empire par les Tokougawa ne met pas fin à l'apparition de nouvelles familles seigneuriales, à la création de nou-

3.

veaux fiefs. Pendant les XVIIe (après 1615), XVIIIe, XIXe siècles, on ne trouve pas moins de cent sept familles entrant au nombre des daimyô; mais la plupart (plus de quatre-vingts) sont des branches cadettes qui reçoivent un établissement séparé. Au contraire, à la fin du XVIe siècle, les fondateurs de fiefs avaient été des chefs militaires, beaucoup prétendant à une origine noble, avec plus ou moins de raison. Si des daimyô nouveaux apparaissent, des familles anciennes s'éteignent. De toutes façons, après 1615 comme avant, la haute aristocratie n'est pas fermée, elle s'étend par multiplication et s'accroît de l'extérieur, par admission de familles d'une classe moins élevée. Pour le début du XVIIe siècle et pour 1862, on donne les chiffres suivants :

	(XVIIe s.)	ou	(1862)	
Sanké	3	3	3	Le décret du 25 juillet 1869, cité dans la note 2, p. 25 indique 274 daimyô.
Kokouchou	18	18	36	
Tozama	65	68	75	
Houdai	176	173	141	
	262	262	255	

Je reviendrai tout à l'heure sur les termes désignant les diverses classes de daimyô. M. Rudorff s'appuie sur le Boukan 武鑑 (*Bukan*) de 1862, auquel on peut attribuer au moins une valeur semi-officielle. Pour le XVIIe siècle, les documents, moins précis, sont parfois contradictoires : les archives seigneuriales ne sont pas publiées, l'histoire de la noblesse pendant cette période est à faire. Nous devons encore nous contenter d'approximation.

III

Chef d'état héréditaire, le seigneur dépend toujours d'un suzerain : la relation juridique est la même quelle que soit l'importance du fief, que le vassal soit un daimyô ou un simple samourahi 士 (*samurahi*). Le suzerain, choû 主 (*siyuu*), choukoun 主君 (*siyukun̥*) donne l'investiture, mésidasi 召出 (*mesidasi*) : en présence de quelques-uns de ses officiers et du futur vassal, sin 臣 (*sin̥*), kérai 家來 (*kerai*), il déclare qu'il constitue en fief tel territoire et remet au vassal un document scellé, nommé kakidasi 書出 (*kakidasi*), orikami 折紙 (*worikami*) ou kokouin 黑印 (*kokuin̥*) ; le vassal reçoit le document et déclare accepter le fief. La remise de symboles, branche d'arbre, motte de terre, ne semble pas usitée. L'énumération des biens inféodés est portée par les fonctionnaires compétents sur les registres officiels du fief dominant; cette énumération, accompagnée de formules appropriées, forme partie intégrante du orikami, comme du bessi mokourokou 別紙目錄 (*betusi mokuroku*) qui l'accompagne et qui est un ordre aux fonctionnaires locaux d'avoir à délivrer l'objet du fief au nouveau vassal. Le orikami paraît sous deux formes équivalentes juridiquement; la pièce la plus ordinaire, kokouin, est seulement scellée du sceau du suzerain; le kandjô 感狀 (*kanziyau*), écrit, signé, scellé de la propre main du suzerain, n'est accordé que pour des services éminents. Le fief est toujours accompagné d'un yasiki, terrain variant en raison de l'importance du fief; situé près du château du suzerain, djôka 城下 (*ziyauka*), il est destiné à l'habitation du vassal, quand celui-ci est appelé près de son seigneur.

La relation personnelle est dominante dans la féodalité; aussi le fief territorial, bien qu'héréditaire, est-il sujet à renouvellement, katokou sôzokou 家督相續 *katoku sauzoku*), lorsque change la personne du suzerain ou du vassal; le renouvellement se fait dans des formes analogues à celles de l'investiture et doit être demandé par le vassal sous peine de déchéance, mais il ne peut être refusé par le suzerain. Le fief ne peut en principe être aliéné; il peut toutefois être donné pour dix ans au plus en antichrèse, sitsiiré 質入 (*sitiire*), le créancier antichrésiste n'ayant d'autre droit que de jouir et de percevoir les fruits; il peut aussi et doit être partiellement donné en fief à des vavassaux : c'est par ce procédé que les seigneurs s'assurent les services héréditaires de seigneurs dépendants [1] et de samourahi.

La relation féodale prend fin de diverses façons. Si le suzerain meurt sans héritier ou si l'objet du fief lui est retiré par le suzerain supérieur, le vavasseur perd le fief, puisqu'il n'existe pas de rapport de droit entre lui et le suzerain supérieur. Le vassal peut perdre le fief par son fait : pour tout acte dirigé contre le suzerain, houtchoû 不忠 (*hutiyuu*), pour négligence de service, houtodoki, 不屆 (*hutodoki*), pour crime, hanzai 犯罪 (*hanzai*). Il peut renoncer au fief : il n'a pas

1. On nomme houyô 附庸 (*huyou*) ou sihô 支封 (*sihou*) les daimyô vassaux d'un kokouchou ou d'un tozama.

d'autre moyen de se soustraire à l'exécution d'un ordre contraire à sa conscience; il devient alors un rônin 浪人 (*raunin*), comme le devient aussi le samourahi chassé du clan, ou celui qui a quitté le fief pour tout autre motif. Rien n'empêche qu'un seigneur renonce à son fief; mais la renonciation a été fréquente de la part des simples samourahi. Le fief enfin retourne au suzerain par la mort du titulaire sans héritier.

Juridiquement, le fief est institué par le suzerain pour récompenser les services rendus ou à rendre par le vassal; en fait l'origine d'un grand nombre de seigneuries est conforme à la théorie. D'autres fiefs, peut-être aussi nombreux, sont sortis de l'usurpation sur les droits d'un possesseur ou d'un propriétaire légitime; mais dès que l'usurpateur a obtenu l'investiture, son domaine est devenu fief. Il n'est pas un daimyô qui ne se considère comme vassal de l'Empereur. Les devoirs du vassal envers le suzerain sont semblables en tous cas, sans distinction de degré hiérarchique; toutefois le chôgoun étant à la fois vassal de l'Empereur et lieutenant-général de l'Empereur dans tout l'Empire, il en résulte pour lui et pour les plus grands daimyô une situation particulière.

Les devoirs des vassaux sont les suivants :

1° Service à la guerre. Le chef de famille sert en personne et avec ses fils ; il amène ses serviteurs, comme porteurs d'armure, de lance, d'arc, palefreniers, archers, porte-fanions, etc. ; il fournit les chevaux et l'armement. Les vassaux des Tokougawa doivent, à l'époque de Ihéyasou[1], cinq cavaliers par mille kokou de revenu. Une loi de 1649 donne une formule nouvelle et plus précise : le vassal de deux cents kokou doit cinq hommes (1 combattant, 1 porte-armure, 1 porte-lance, 1 valet de cheval, 1 conducteur pour le cheval de charge) ; une liste est dressée, portant jusqu'au vassal de cent mille kokou, qui doit 2.155 hommes. Une loi de 1861 exige seulement un combattant par cinq cents kokou, trois par mille kokou, dix par chaque trois mille kokou dépassant le premier millier ;

2° Service d'escorte, fait par le chef de famille avec ses fils et ses serviteurs ; le nombre d'hommes requis est beaucoup moindre que pour le service de guerre. Les vassaux des Tokougawa doivent ce service principalement à l'occasion des voyages du chôgoun à Nikkwô pour visiter les tombes de ses

1. Cent Lois, loi 38.

ancêtres; ils le devraient pour tout autre voyage, par exemple si le chôgoun se rendait près de l'Empereur. Les vassaux des daimyô escortent leur suzerain quand celui-ci va à Édo ou accompagne le chôgoun; ces voyages sont pour les jeunes gens de la noblesse l'occasion d'approcher leur seigneur et de faire apprécier leur intelligence, leur caractère;

3° Service de garde dans les châteaux du suzerain, en temps de paix et en temps de guerre;

4° Service dans l'administration du fief. Dans chaque fief, seuls les samourahi du clan sont aptes à remplir les fonctions civiles et militaires; l'importance des charges accessibles à chacun, est en raison de son revenu nominal[1], aussi les émoluments attribués aux charges sont peu considérables. Parfois le seigneur, distinguant un vassal moins fortuné, complète son revenu par une allocation viagère et le nomme à un poste supérieur. Si les vassaux ont droit aux fonctions, le seigneur

1. Pour un karô de clan, il faut par exemple 3.500 kokou de revenu, pour un ômétsouké 1.500; chez les Tokougawa il faut être houdai daimyô pour devenir rôdjou, wakadosiyori, zichabougyô, etc.; les autres emplois sont accessibles aux hatamoto, avec un minimum fixe de revenu, 3.000 kokou pour le matsibougyô, le ômétsouké, 1.500 pour les bougyô d'Ôsaka, etc. (voir plus bas p. 40, 41, 52, 56, etc., pour le sens de ces termes).

a droit au service des vassaux : ces principes apparaissent nettement dans les Cent Lois (lois 14, 55, 56, 62, 63) ;

5° Dons gracieux. Le daimyô, non plus que le samourahi, ne travaillant pas, n'a pas d'impôt à payer ; mais chacun fait à son suzerain des présents rituels qui, avec le temps, sont devenus obligatoires. « L'envoi de produits de chaque province est un vieil usage depuis l'enterrement de Yoritomo 頼朝 (*Yoritomo*)[1] ». Ces présents, produits naturels, chevaux, sabres, pièces d'or ou d'argent, etc., sont offerts à la nouvelle année et presque à chaque saison (tchômokou 鳥目 *teumoku*), pour l'arrivée à Édo et pour les audiences du nouvel an (tatsidai 太刀代 *tatidai*, oumadai 馬代 *umadai*), pour l'investiture première ou renouvelée (tchômokou 鳥目), comme compensation d'un service non rendu pour cause d'âge ou de maladie (kouyakkin 公役金 *kuyakukin*).

D'après l'étendue de leurs domaines, les seigneurs sont divisés en kokouchou 國主 (*koku-*

1. Cent Lois, loi 81 ; III.

siyu) ou kokousi 國司 (*kokusi*), ryôchou 領主 (*riyausiyu*) et djôchou 城主 (*ziyausiyu*) : les derniers n'ont qu'un château avec le territoire adjacent, les seconds sont maîtres d'un domaine plus vaste; les premiers gouvernent au moins une province entière[1]. Toutefois ce titre est étendu à quelques daimyô importants, mais dont le fief n'est qu'une partie de province. On réserve le nom de daimyô 大名 (*daimiyau*) aux seigneurs qui ont au moins dix mille kokou de revenu nominal; les autres sont chômyô 小名 (*seumiyau*). Une définition plus ancienne tient pour chômyô les djôchou, pour daimyô les kokouchou et les ryôchou.

D'après leurs rapports avec le chôgoun, les seigneurs sont divisés en :

1° sanké 三家 (*sanke*), les trois branches cadettes les plus importantes de la maison chôgounale (voir le tableau, p. 29). Leur situation est définie par les lois 11 et 13 des Dix-huit Lois;

1. Les anciennes provinces, qui n'existent plus comme unités administratives, sont appelées kouni 國 (*kuni*) ou kokou (*koku*, même caractère).

2° kamon 家門 (*kamon*), portant presque tous le nom patronymique de Matsoudahira ; ce sont des branches cadettes de la maison chôgounale. Ihéyasou (Cent Lois, loi 7) en reconnaît dix-huit;

3° houdai 譜代 ou 譜第 (*hudai*). Ihéyasou (Cent Lois, loi 7) appelle ainsi les samourahi qui reconnaissaient son autorité avant le siège d'Ôsaka (1615); mais ce titre est souvent réservé aux daimyô houdai; de plus, divers daimyô qui avaient reconnu Ihéyasou avant 1615, les seigneurs de Satsouma par exemple, ne sont jamais comptés comme houdai. Les daimyô houdai sont donc ceux qui, vassaux des Tokougawa, n'appartiennent à l'une ni à l'autre des deux premières classes;

4° tozama 外樣 (*tozama*). Ihéyasou (Cent Lois, loi 7) oppose les tozama aux houdai : ce sont, en effet des seigneurs, qui ne sont vassaux ni des Tokougawa ni d'autres seigneurs.

Les tozama, qu'ils soient kokouchou ou ryôchou, n'étant pas vassaux du chôgoun, ne peuvent remplir aucune fonction du bakou-hou; ils sont expressément exclus de celles de rôsin 老臣 (*rausin*)[1].

1. Cent Lois, loi 9.

Vassaux de l'Empereur, c'est au souverain même qu'ils devraient les services féodaux; mais « le gouvernement de l'Empire a été confié au [chôgoun qui réside dans le] Kwantô; [le chôgoun] règle toutes choses dans l'Empire et n'a pas à solliciter l'assentiment de l'Empereur[1] ». En vertu de ce droit, le chôgoun s'abstient pendant deux cents ans de se présenter à la Cour[2] et il interdit aux tozama d'en approcher. C'est lui qui leur réclame les services de guerre et d'escorte; il met ses vassaux directs, tchokou sin 直臣 (*tiyoku sin*) au-dessus des leurs, bai sin 倍(陪)臣 (*bai sin*)[3]; il convoque et commande l'armée d'empire[4] contre les insoumis. Il donne des ordres aux seigneurs par le rôdjou 老中 (*raudiyu*) et les surveille par des inspecteurs, métsouké 目附 (*metuke*)[5]. Il

1. Dix-huit Lois, lois 3 et 2.

2. C'est en 1634 que le chôgoun (Ihémitsou 家光, *Ihemitu*) se rendit pour la dernière fois à Kyôto; il compléta à ce voyage l'administration de la ville.

3. Cent Lois, loi 41.

4. Armée de châtiment, séibatsou goun 征伐軍 (*seibatu gun*).

5 Cent Lois, loi 47. — Le wakadosiyori 若年寄 (*waka-*

prescrit l'unité juridique et administrative et déclare la prééminence de la loi du Kwantô[1] : les lois féodales doivent être mises en harmonie avec celles du bakou-hou[2]. Les tribunaux du bakou-hou sont placés au-dessus de tous les seigneurs; le Hyôdjôcho 評定所 (*Hiyaudiyausiyo*), à Édo, juge leurs différends ; le Hyôdjôcho à Édo, le chosidaicho 所司代所 (*siyosidai siyo*) à Kyôto, le djôdaicho 城代所 (*ziyaudaisiyo*) à Ôsaka tranchent les litiges entre sujets de fiefs divers. Surtout les tozama, comme les houdai[3], sont tenus de résider une année sur deux à Édo pour le service de cour, sankin kôtai 參勤交代 (*sankin kautai*) ; à partir du troisième chôgoun, Ihémitsou, tous les daimyô doivent laisser à Édo leur femme et leurs enfants qui servent d'otages[4].

Le bakou-hou fait donc tout pour concentrer le

dosiyori), conseil de compétence analogue à celle du rôdjou, surveille les seigneurs de moins de dix mille kokou, c'est-à-dire les hatamoto, les autres chômyô étant vassaux des tozama.

1. Cent Lois, lois 19, 83, etc.
2. Bouké cho hatto de 1617, art. 19.
3. Cent Lois, loi 20.
4. L'usage de remettre des otages à un suzerain ou à un allié était fréquent au XVIe siècle; il a été rendu obligatoire en 1609.

pouvoir, mais son autorité n'est obéie strictement que près de ses garnisons ; plus on s'éloigne de Édo, plus l'esprit d'indépendance et de particularisme apparaît. Le bakou-hou ne peut supprimer la féodalité des tozama, il n'en a même pas l'idée. L'Empereur a renoncé à exercer l'autorité, mais il reste le maître suprême du chôgoun comme des tozama. Ihéyasou a demandé sa sanction pour la nouvelle distribution des territoires (1600). Si le chôgoun nomme aux fonctions sur ses domaines, seul l'Empereur décerne le titre de kami 守 (*kami*) et les charges impériales[1]. La suprématie impériale est explicitement reconnue dans les Dix-huit Lois et dans les Cent Lois[2] ; elle résulte des missions impériales envoyées à Édo, des titres décernés et de la cérémonie d'investiture, sengé 宣下 (*senge*) renouvelée pour chaque chôgoun. L'Empereur est le suzerain suprême, « tout le pays appartient à l'Empereur[3] ». De là, l'égalité fondamentale de tous les vassaux directs, du chôgoun et des tozama.

1. Dix-huit Lois, loi 9.
2. Dix-huit Lois, lois 1, 2, 12, 14; Cent Lois, lois 5, 29, 47, 77, 86, 93, 94, 97.
3. Dix-huit Lois, loi 14.

Les daimyô, les chômyô, les samourahi supérieurs, djôsi 上士 (*ziyausi*), ou vrais, séisi 正士 (*seisi*), nommés parfois sikakou 士格 (*sikaku*), forment la noblesse et sont désignés d'ensemble par le nom de samourahi 士 (*samurahi*). Les nôbles ont seuls droit aux titres, aux emplois ; seuls ils ont un nom de famille, myôzi 苗字 ou 名字 (*miyauzi*) et des armoiries, mon 紋 (*mon̥*) ; seuls ils montent à cheval ; les nobles militaires portent les deux sabres, l'« âme du samourahi », et ont le droit de vie et de mort sur tous les membres des castes inférieures. Les samourahi inférieurs, kasi 下士 (*kasi*) [1] ne sont pas nobles, ils servent comme fantassins, agents de police, employés des bureaux ; ils n'ont pas le droit de vie et de mort, sont au contraire placés sous l'autorité des djôsi. Les samourahi vrais sont, eux aussi, subdivisés en classes

1. Subdivisés en gokénin 御家人 (*gokenin̥*), yoriki 與力 (*yoriki*), katsi 徒士 (*kati*), dôsin 同心 (*dousin̥*), asigarou 足輕 (*asigaru*) ; les noms varient suivant les fiefs.

dont les noms et privilèges diffèrent suivant les seigneuries.

En Satsouma, on trouve d'abord les djôkasi 城下士 (*ziyaukasi*), puis les gwaiziyausi 外城士 (*guwaiziyausi*), enfin les sotsou 卒 (*sotu*) et baisin 陪臣 (*baisin*); la première classe comprend: itsimon 一門 (*itimon*), mombatsou 門閥 (*monbatu*), ichchotsi 一所持 (*itusiyoti*), yoriahi 寄合 (*yoriahi*), koban 小番 (*koban*), simban 新番 (*sinban*), kochôgoumi 小姓組 (*kosiyau-gumi*), yoriki 與力 (*yoriki*). Les autres aussi sont subdivisées.

En Tosa, on trouve les karô 家老 (*karau*), les tchourô 中老 (*tiyurau*), vassaux territoriaux les uns et les autres; les oumamawari 馬廻 (*umama-hari*), dont une partie seulement ont des terres et montent à cheval; les kochôgoumi, les rousoui-goumi 留守居組 (*rusuwigumi*), dont quelques-uns seulement détiennent des terres. Les kérai des karô ont presque tous des terres. Au-dessous des samourahi, les gôsi 郷士 (*gausi*) sont des kérai des Tchôsokabé 長曾我部 (*Tiyausokabe*) qui ont fait soumission (1600) à Yamanooutsi Kazoutoyo 山内一豐 (*Yamanouti Kazutoyo*); ils ont conservé leurs terres et sont parfois élevés au rang de samourahi. Cette classe n'existe pas partout et n'a pas partout la même origine. Les kéikakou (*keikaku*) ont droit aux deux sabres, mais pas au cheval, ils sont immédiatement au-dessus des paysans.

Les djôsi, les kasi et le peuple sont, dans des conditions très différentes, les sujets du seigneur. Les samourahi vrais sont vassaux héréditaires, sin 臣 (*sin̥*) ou kérai 家來 (*kerai*); ceux de la maison des Tokougawa sont appelés du nom spécial de hatamoto 旗下 (*hatamoto*). On compte environ trois mille hatamoto; dans un fief de trois cent mille kokou, on estime à cinq cents le nombre des djôsi. Les revenus d'un hatamoto varient entre cent, ou moins de cent kokou, et dix mille kokou; ceux d'un djôsi entre soixante kokou et trente mille kokou. Les kasi sont beaucoup plus nombreux, leurs revenus ne dépassent jamais cent sacs de riz (35 kokou) et ne sont héréditaires que pour les catégories supérieures.

Les revenus sont toujours des fiefs, choryô 所領 (*siyoriyau*), concédés dans les formes usuelles; mais les fiefs sont de quatre sortes :

1° Fief territorial, hôdo 封土 (*houdo*), qui est un territoire, ryôtsi 領地 (*riyauti*) ou un château, djô (*ziyau*) ou siro (*siro*) 城 ; le titulaire héréditaire, dzikatadori 地方取 (*dikatadori*) est chef d'état, ainsi que je l'ai exposé ;

2° Tsigyô 知行 (*tigiyau*), rente perpétuelle d'un nombre fixe de kokou à percevoir sur le produit de terrains déterminés, dits tsigyôcho 知行所 (*tigiyausiyo*) ; le titulaire ou kokoudori 石取 (*kokudori*) a droit au service de guerre de la part des paysans du tsigyôcho ;

3° Hyômono 表物 (*heumono*), rente d'un nombre fixé de sacs à percevoir aux magasins seigneuriaux ; parfois d'un montant plus élevé, mais toujours tenu pour moins honorable qu'un tsigyô ; le hyômono est transformé en tsigyô à titre de récompense ; le titulaire est dit hyôdori 表取 (*heudori*) ;

4° Houtsi 扶持 (*huti*) rente viagère de rations, dont le nombre est fixé d'après le nombre des membres de la famille du titulaire, houtsidori 扶持取 (*hutidori*).

Tout vassal reçoit un yasiki conforme à son rang ; tout vassal, du daimyô au houtsidori, doit le service militaire et civil.

IV

La seigneurie est dirigée, autant que par le seigneur, par l'assemblée du clan, formée des samourahi vrais, et seulement des plus élevés d'entre eux. Elle semble, suivant les cas, se réunir plus ou moins au complet. Dans les années troublées qui précèdent la Restauration, ces assemblées[1] sont mentionnées fréquemment. En Satsouma, elles décident de l'alliance avec le Na-

1. Ces assemblées sont désignées par les expressions : grande assemblée de toutes les autorités compétentes, cho yousi no taikwai 諸有司の大會 (*siyo iusi no taikuwai*) ; assemblée des vassaux importants, tchô-sin no kwaigi 重臣の會議 (*tiyou sin no kuwaigi*). Elles comprennent les agnats des seigneurs, kôsi 公子 (*kousi*) ; les ministres, sis-séi 執政 (*situ-sei*), c'est-à-dire les karô et les commissaires ; les chambellans et aides-de-camp, sobayakou 側役 (*soba-yaku*).

gato et avec les autres clans du sud-ouest (6 mars 1867), de l'expédition à Kyôto (22 novembre 1867); on la voit même en ce cas délibérer, puis faire connaître ses vœux aux seigneurs. En Nagato, les offres d'alliance sont discutées et acceptées dans une assemblée des vassaux importants présidée par les seigneurs (15 octobre 1867). Auparavant le clan de Nagato voulant se soumettre aux Tokougawa, a agi contre les seigneurs : il les a même emprisonnés dans une bonzerie de Hagi. En 1865 (début de juin), les seigneurs de Satsouma ont convoqué les vassaux importants; sur le vote de cette assemblée, des économies dans le personnel administratif ont été décidées, afin de consacrer les ressources disponibles au développement de l'armée et de la marine ; on institue un commissaire de l'armée de mer, kaigoun bougyô 海軍奉行 (*kaigun bugiyau*); on réforme la collation des charges, qui seront désormais données sans distinction de classe. A la fin de la même année, l'assemblée du Tsikouzen adopte tout d'un coup une politique favorable au bakou-hou, punit les karô du parti contraire, décide de livrer au bakou-hou les kougé fugitifs de Kyôto.

Tel est le rôle de ces assemblées, dont on trouve

l'analogue à Édo[1]. En temps normal, elles sont

1. Les nobles tiennent à Édo, sur convocation du bakou-hou, des assemblées par classes; les assemblées sont désignées par le nom de diverses salles du Château. Les avis sont formulés par chaque chambre séparément après discussion et accord; le bakou-hou considère surtout ceux des chambres 3, 8, 9, 10 et 11.

	Composition des chambres	Revenu total (milliers de kokou)	Observations
1°	10 seigneurs (9 Tokougawa et le seigneur de Kaga).	3.640	de 1.022 à 10 par seigneur.
2°	29 seigneurs (12 Tokougawa, 17 kokouchou) . .	6.352	de 770 à 20
3°	7 houdai (5 Matsoudahira, 1 Sakai, 1 Ii).	1.061	de 280 à 11
4°	75 tozama.	1.975	de 105 à 10
5°	67 houdai.	3.407 (de 180 à 10)	ces houdai, comme les houdai précédents, sont admis à fournir des rôdjou.
6°	43 houdai.	1.778 (de 100 à 10)	
7°	31 houdai.	374 (de 22 à 10)	ces houdai ont accès seulement au poste de wakadosiyori.
8°	hatamoto et officiers du rang de bougyô.		
9°	officiers ayant titre de cour de hoi 布衣 (*hoi*).		
10°	officiers inférieurs.		
11°	officiers inférieurs (koumigasira, vice-inspecteurs, etc.).		

La liste est difficile à établir exactement faute d'accord des auteurs. Je trouve les noms suivants : 1° Ôrôka 大廊下

moins fréquentes ; au-dessous du seigneur, souverain absolu en principe, les affaires sont conduites en réalité par les karô 家老 (*karau*) ou rôsin 老臣 (*rausin*), conseillers responsables devant le seigneur qui les nomme et les destitue, devant

(*ohorauka*). — 2° Ôbiroma 大廣間 : on en rapproche le Matsou no ma 松之間 (*matu no ma*). — 3° Tamari no ma 溜之間 (*tamari no ma*); on nomme auparavant le Kokou choin 黑書院 (*koku siyowin*). — 4° Yanagi no ma 柳之間 (*yanagi no ma*). — 5° Téikan no ma 帝鑑之間 *teikan no ma*). — 6° Gan no ma 雁之間 (*gan no ma*). — 7° Kikou-no ma 菊之間 (*kiku no ma*).

Reste le Siro choin 白書院 (*siro siyowin*) placé par les listes entre le Matsou no ma et le Téikan no ma : je n'ai sur ce point pas d'autre indication. M. von Brandt (*Japan. Adel*) nomme encore : 8° Houdzi no ma 藤之間 (*hudi no ma*); 9° Naka no ma 仲之間 (*naka no ma*); 10° Kikyô no ma 桔梗之間 (*kikiyau no ma*); 11° Takimi no ma 瀧見之間 (*takimi no ma*) : ce qui porterait le nombre des chambres (*ma* 間) à 14.

le bakou-hou qui parfois appelle les karô des seigneurs, leur donne des ordres, les met aux arrêts, leur prescrit le harakiri. Les plus grands fiefs ont trois ou quatre karô; le bakou-hou a quatre ou cinq rôdjou 老中 (*raudiyu*), correspondant aux karô des clans et concentrant le pouvoir dans leurs mains[1]. Les rôdjou sont pris dans les diverses branches des Tokougawa, des Matsoudahira et de dix-huit maisons de houdai, vassales déjà de Ihéyasou quand il était seigneur de Mikawa. Ces dix-huit maisons sont énumérées dans la loi 5 des Cent Lois (texte du Tokougawa kinréi kô, donné en note par Rudorff sous le n° 1) : Ôkoubo 大久保 (*Ohokubo*), Kanémori 金森 (*Kanemori*), Itakoura 板倉 (*Itakura*), Doi 土井 (*Dowi*), Ôsima 大島 (*Ohosima*), Abé 阿部 (*Abe*), Andô 安藤 (*Andou*), Hotta 堀田 (*Horita*), Nagai 永井 (*Nagawi*), Ogasawara 小笠原 (*Wogasahara*), Totsigi 栃木 (*Totigi*), Tsoutsiya 土

1. Les wakadosiyori, dont j'ai indiqué la compétence, sont au nombre de 4 ou 5; le poste est une sorte de noviciat pour les rôdjou.

屋 (*Tutiya*), Ôta 太田 (*Ohota*), Yamamoto 山本 (*Yamamoto*), Nagasaki 長崎 (*Nagasaki*), Kyôgokou 京極 (*Kiyaugoku*), Okasaki 岡崎 (*Wokasaki*), Nakané 中根 (*Nakane*). Une autre rédaction (traduction Rudorff, loi 9) donne les noms suivants : Itakoura, Ogasawara, Ôkoubo, Toda 戸田 (*Toda*), Tsoutsiya, Nagasaki, Honda 本田 (*Honda*), Akimoto 秋元 (*Akimoto*), Sakakibara 榊原 (*Sakakibara*), Isikawa 石川 (*Isikaha*), Kouzé 久世 (*Kuze*), Abé, Katô 加藤 (*Katou*), Sakai 酒井 (*Sakawi*). Investis de la réalité du pouvoir par les lois de Ihéyasou, et encore davantage par la faiblesse de la plupart de ses successeurs, sortant d'une aristocratie limitée, les rôdjou se recrutaient en réalité par cooptation : ils gouvernaient au nom du chôgoun, absolu en théorie.

La même opposition entre les principes et les faits est notée à propos des karô. Dans chaque clan, ils appartiennent à un petit nombre de familles, toujours les mêmes; si le seigneur n'est pas un homme particulièrement intelligent, énergique, adroit, ils agissent à sa place ; leurs empiètements sont facilités par la loi de sankin, qui astreint les seigneurs à passer à Édo une année sur deux. Des familles de karô, les unes sont des branches de la maison seigneuriale (ainsi des Simadzou en Satsouma); d'autres sont les premières, les plus fidèles, les plus anciennes parmi les familles vassales. En Tosa, il y avait onze familles de karô, dont les ancêtres avaient accompagné Yamanooutsi Kazoutoyo, quand le fief lui avait été donné par Ihéyasou (1600); placés près du seigneur par Ihéyasou, ces karô étaient, en même temps que conseillers du clan, agents officieux du bakou-hou; leurs revenus variaient entre dix mille et deux mille kokou.

Avec le temps et le luxe, les familles des karô s'efféminèrent comme celles des seigneurs, et souvent le pouvoir réel passa des conseillers à des des officiers subalternes.

Le conseil du gouvernement, formé des karô, est appelé selon les fiefs séihou 政府 (*seihu*), bougyôcho 奉行所 (*bugiyausiyo*), ôyakoucho 大役所 (*ohoyakusiyo*). Au-dessous, on trouve des fonctionnaires plus ou moins nombreux et spécialisés suivant l'importance des fiefs ; mais les divergences sont surtout dans les noms et dans les détails, les grandes lignes sont partout les mêmes.

1° Les yônin 用人 (*younin*), soba yônin 側用人 (*soba younin*), sobayakou 側役 (*sobayaku*) sont conseillers privés, chambellans, aides-de-camp, etc.

2° Le matsibougyô 町奉行 (*matibugiyau*), commisssaire de la ville capitale, djôka 城下 (*ziyauka*), est à la fois administrateur et juge; un bon nombre de samourahi et de marchands résidant dans son ressort, ses fonctions sont très importantes. Comme juge, il a sous ses ordres la police, dôsin 同心 (*dousin*) ou djougan 十眼 (*zihugan*); comme administrateur, il est assisté d'assesseurs, matsiyakou 町役 (*matiyaku*) ou bettô 別當 (*betutau*), choisis parmi les marchands notables. La charge de matsiyakou, en principe viagère, est souvent héréditaire; elle donne droit au port du sabre. Dans quelques villes importantes, le pouvoir administratif seul appartient au matsibougyô, le pouvoir judiciaire étant confié à un tribunal spécial (kéihôyakou 刑

法役, *keihahuyaku*, de Koumamoto 熊本, *Kumamoto*). Les fiefs importants ont un matsibougyô pour chaque grande ville.

3° Le kôribougyô 郡奉行 (*kohoribugiyau*), commissaire des districts, kôri 郡 (*kohori*), a pour tout le fief, en dehors des villes, matsi 町 (*mati*), des fonctions semblables à celles du matsibougyô. Il est juge au civil comme au criminel, dirige la police et les prisons, veille à la subsistance des indigents, entretient les routes, canaux, étangs, réservoirs des rizières, remplit de grains les magasins officiels, répartit entre les districts et lève les taxes. Ses subordonnés divers, nommés daikwan 代官 (*daikuwan*), goundai 郡代 (*gundai*), kôribougyô 郡奉行 (*kohoribugiyau*) (les kôribougyô placés sous un goundaikwan 郡代官 *gundaikuwan*), peuvent être tous appelés intendants; ils ont dans leur ressort les mêmes fonctions que le kôribougyô dans la totalité du fief. Souvent il y a un intendant pour deux districts; parfois deux intendants administrent à tour de rôle un seul et même district. Les intendants choisissent eux-mêmes, ou font choisir par le personnel qui leur est subordonné, des agents intermédiaires entre eux et la population; ces agents inférieurs sont nommés suivant les localités kôri-métsouké 郡目附 (*kohorimetuke*) et daikwan 代官 (*daikuwan*), kôritédai 郡手代 (*kohori-tedai*) et daikwantédai 代官手代 (*daikuwan-tedai*), daikwan 代官 (*daikuwan*) et sôdjôya 總庄屋 (*souziyauya*) ou ôdjôya 大庄屋 (*oho-ziyauya*). L'intendant est l'agent du gouvernement dans le district et le représentant du district près du commissaire des districts; il transmet les instructions de la capitale et s'informe près des syndics ou anciens des intérêts de la population. A cet effet, il les réunit quand bon lui semble, au kwaicho 會所 (*kuwaisiyo*), maison d'assemblée.

4° Le zichabougyô 寺社奉行 (*zisiyabu-giyau*) a la juridiction sur le clergé sintoïste et bouddhiste, surveille l'administration des biens ecclésiastiques et la tenue des registres de la population. Chaque temple, en effet, à quelque dénomination, choûmon 宗門 (*siyuumon*), qu'il appartienne, doit inscrire ses paroissiens sur deux registres, choûmontchô 宗門帳 (*siyuumontiyau*) registre paroissial, et nimbétsoutchô 人別帳 ou 戸籍 (*ninbetutiyau*) registre de la population ; un double de ce dernier existe chez le syndic du village. C'est un moyen de faire le recensement, choûmon-aratamé 宗門改 (*siyuumonaratame*) et d'empêcher la persistance du christianisme toujours condamné[1].

5° Le kandjôbougyau 勘定奉行 (*kandiyaubugiyau*), commissaire des comptes ou du trésor, et

6° le gakkôbougyô 學校奉行 (*gakukaubugiyau*), commissaire des écoles, ont les fonctions indiquées par leur titre.

7° L'ômétsouké 大目附 (*ohometuke*), grand inspecteur, a sous ses ordres des inspecteurs, métsouké 目附 (*metuke*), appelés parfois yokomé 横目 (*yokome*), et des policiers ; il inspecte l'administration, il surveille la conduite du peuple et

1. Bouké cho hatto de 1617, art. 20, etc.

des samourahi; il accuse, s'il y a lieu, les particuliers, les fonctionnaires, même les karô.

En service de guerre, un karô prend le commandement en chef de l'armée, goun (*gun̥*) ou ikousa (*ikusa*) 軍, formée de compagnies, koumi 組 (*kumi*). Les compagnies sont de 1er rang, bangasiragoumi 番頭組 (*bañgasiragumi*), ou de 2e rang, monogasiragoumi 物頭組 (*monogasiragumi*); un grand fief a de vingt à trente compagnies de chaque sorte. Une compagnie de 1er rang comprend habituellement vingt-cinq cavaliers, qui sont des djôsi de deux cent cinquante kokou au moins, et fournissent chacun leurs chevaux et leurs servants; le capitaine, bangasira 番頭 ou 隊長 (*bañgasira*), est un samourahi de mille kokou au moins. Chaque compagnie de 1er rang est accompagnée d'une compagnie de 2e rang; celle-ci est formée de vingt-cinq fantassins pris parmi les katsi et asigarou; le capitaine, monogasira 物頭 ou 隊長 (*monogasira*), koumigasira, 組頭 (*kumigasira*) chez les Tokougawa, est, dans les clans, un samourahi de trois cents kokou au moins. Les capitaines fournissent eux-mêmes leur escorte.

Le plan général de l'administration est le même pour le bakou-hou que pour les clans : les organes du premier sont plus nombreux, plus divers, en raison de l'étendue du territoire, de la richesse du peuple, des rapports spéciaux avec les clans et avec la Cour.

V

La seconde caste de la population, comme dans la Chine antique, est celle des laboureurs, nô 農 (*nou*), appelés aussi hyakouchô 百姓 (*hiyaku-siyau*). Ils n'ont aucune part à la vie politique du pays et « regardent le changement de leurs maîtres comme le passage des nuages »; avec la terre, ils sont transférés d'un seigneur à un autre seigneur, devant à l'un comme à l'autre la corvée pour les travaux et la guerre, l'impôt, c'est-à-dire une part du produit du sol. Le noble, seigneur direct, est maître du sol et peut transporter un paysan d'une parcelle à une autre, non sans l'avoir averti en temps convenable; le laboureur peut aussi vendre son droit, avec le consentement du seigneur; il n'est évincé de son lot que pour motif grave, incapacité ou non-paiement. Dans quelques fiefs, en Tosa par exemple, il subsiste une différence entre diverses terres, yagoutsi (*yaguti*) susceptibles de pleine propriété et de cession, sinden 新田

(*sinden*) et honden 本田 (*honden*) non cessibles et sujets à une nouvelle répartition tous les quatre ans : mais ces diverses tenures ne concernent que les samourahi; sur les yagoutsi comme sur les sinden et honden, le laboureur est dans la même condition. Son droit sur la terre, droit incomplet, passe tel quel à son héritier, c'est-à-dire au fils aîné.

La tendance générale est de laisser la terre dans les mains du même cultivateur ou de la même famille. Par une loi de 1615, Ihéyasou interdit dans toutes les provinces les transferts de population; une autre loi (1643) défend toute vente de terre sous peine de confiscation du terrain vendu. Ces lois ne sont strictement appliquées que sur le domaine du chôgoun. Le fermier, kosakou 小作 (*kosaku*), qui a cultivé une pièce de terre pendant plus de vingt ans, ne peut être expulsé, et le éikosakou 永小作 (*eikosaku*), fermage à perpétuité ou emphytéose par prescription, est fréquent. Corrélativement, l'émigration[1] d'un village à un autre est mal vue; l'émigrant loue ses services, est toléré,

1. L'émigrant est traité en suspect par la loi 19 des Cent Lois.

mais flétri du nom de midzounomi 水呑 (*midu-nomi*) buveur d'eau, comme s'il n'avait accès qu'à l'eau du village et non à la terre. Bien plus, les paysans n'aiment pas qu'un champ de leur village soit cultivé, à un titre quelconque, par un paysan du village voisin; souvent le village rachète le champ.

Par suite on distingue parmi les paysans différentes classes; les principales sont les suivantes : 1° kousawaké 草分 (*kusawake*), fondateurs primitifs d'un village, ayant défriché le terrain et laissant leur titre à leurs descendants; 2° néoibyakouchô 根生百姓 (*neohibiyakusiyau*), propriétaires nés dans le village; 3° kosakou 小作 (*kosaku*), indigènes du village cultivant la terre d'autrui; 4° midzounomi 水呑 (*midunomi*) qui ne peuvent être inscrits au nimbétsoutchô qu'après autorisation des chefs de leur village d'origine; leurs descendants deviennent kosakou.

La population, très stable d'habitation et d'occupations, est organisée en groupes de cinq familles, goningoumi 五人組 (*goningumi*), formés par les autorités locales d'après le voisinage, comprenant après les auteurs leurs héritiers. Avec le temps, le nombre des membres du groupe tend à se multiplier. L'exclusion de la famille et du groupe, gizétsou 義絶 (*gizetu*), n'est prononcée que pour motif grave, après enquête des chefs de la famille, du groupe, du village; elle est alors portée à la connaissance de l'intendant local. Celui qui est exclu, ou qui s'est enfui, ne peut trouver de refuge; il est défendu de l'héberger. Le chef du groupe, bangasira 番頭 ou 伍長 (*bangasira*), koumigasira 組頭 (*kumigasira*), koumioya 組親 (*kumioya*), souvent élu, est dans une mesure limitée responsable de la conduite des membres, surveille leurs transactions, appose son sceau sur les actes les concernant.

Le village ou commune, moura 村 (*mura*) comprend un nombre variable de koumi; il forme une communauté stable, souvent d'origine immémoriale. Le chef ou syndic, nanousi 名主 (*nanusi*), chôya 庄屋 (*siyauya*), parfois bettô 別當 (*betutau*), kimoiri 肝煎 (*kimôiri*), ou même daikwan 代官 (*daikuwan*), est habituellement héréditaire;

si le titulaire est mineur ou incapable, un des assesseurs agit à sa place ; à partir du XVIIIe siècle, la charge de nanousi devient souvent élective. Le syndic est responsable de l'ordre public et du paiement des taxes, qu'il complète souvent du grain de son grenier ; il est l'administrateur de la commune, son défenseur près de l'intendant, il préside aux expertises et arpentages des champs, kemmi 檢見 (*kenmi*), mission importante et pour le paysan et pour le seigneur ; il juge en dernier ressort toutes les affaires peu graves. En compensation de ses peines, le syndic reçoit de la commune ou un champ dont le produit lui est réservé, ou une allocation de moins de 1 0/0 de la taxe du village. Le syndic est assisté ou remplacé : 1° par le koumigasira désigné parmi les chefs des groupes soit par élection, soit par choix du syndic ; parfois ce poste est héréditaire ; 2° par les tosiyori 年寄 (*tosiyori*), qui sont des conseillers élus par le peuple, au nombre de un à trois, nommés aussi nagabyakouchô 長百姓 (*nagabiyakusiyau*) ; 3° par les hyakouchôdai 百姓代 (*hiyakusiyau-dai*), représentants élus des laboureurs, en nombre variable ; 4° par l'osabyakouchô 長百姓 (*wosa-*

biyakusiyau), surveillant des élections du village.

L'assemblée, yoriahi 寄合 (*yoriahi*), sôdankwai 相談會 (*saudankuwai*), za 座 (*za*), comprend soit les chefs des groupes, soit les chefs des familles importantes, soit les propriétaires; elle s'occupe des taxes locales, de la perception des impôts, des intérêts de la commune, des fêtes religieuses. Les règles et les habitudes, les titres et les fonctions des chefs, très divers, n'ont pas encore été notés pour un assez grand nombre de localités; il n'est guère possible de donner une idée plus détaillée de la vie communale.

L'impôt foncier est payé par les paysans seuls, qui seuls cultivent; il a en même temps le caractère d'un fermage ou d'une rente de la terre, puisque le cultivateur détient la terre, tandis que le seigneur est le vrai propriétaire. L'impôt, mitsougimono 見續物, 年貢物 (*mitugimono*), qui se monte à 50 et parfois 80 0/0 du produit du sol, est souvent dû solidairement par le moura qui le porte au grenier du daikwan. Des remises sont accordées dans les mauvaises années. Les autres sources de revenu sont des droits indirects, douanes du fief, octrois des villes, produits des mines, forêts, industries exploitées pour le compte du seigneur.

Les affaires judiciaires civiles, kouzi 公事 (*kuzi*), ou criminelles, gimmi 吟味 (*ginmi*), sont pour la plupart conciliées ou jugées par le syndic; la seconde instance est représentée par le daikwan prononçant en dernier ressort au civil. Si un samourahi ou un temple est partie au procès, l'affaire passe à la juridiction supérieure, la même qui engage des poursuites criminelles contre un samourahi ou propose une sentence capitale dans une affaire quelconque : suivant la localité et les intéressés, cette juridiction est celle du kôribougyô, du zichabougyô ou du matsibougyô; un tribunal mixte, comprenant l'ômétsouké et deux ou trois bougyô, juge les différends qui concernent des personnes soumises à des juridictions diverses. En cas de désaccord des juges, le seigneur avec les karô décide; seul le seigneur avec son conseil prononce la condamnation capitale. Sur les territoires du bakou-hou, les juridictions sont semblables; elles sont dominées par les trois tribunaux déjà nommés, djôdaicho à Ôsaka, chosidaicho à Kyôto, hyôdjôcho à Édo, le dernier encore supérieur aux deux autres. Les principales peines (marque, bannissement, décapitation, mort par le feu, sur la croix, par la scie) ne sont appliquées qu'au peuple. Les samourahi sont condamnés soit aux arrêts plus ou moins stricts, enryo 遠慮 (*enriyo*), kinsin 謹慎 (*kinsin*), tsikkyo 蟄居 (*titukiyo*), etc., soit à la dégradation, kaiéki 改易 (*kaieki*), soit à la mort qu'ils se donnent eux-mêmes en s'ouvrant le ventre, séppoukou 切腹 (*setuhuku*), ou harakiri 腹切 (*harakiri*).

La justice et l'impôt établissent des rapports entre le paysan et la noblesse ; dans presque tout le Japon, ces relations sont concentrées dans la personne du daikwan, qui juge et qui perçoit. Le poste de daikwan est d'habitude quasi-héréditaire dans une famille de samourahi ou de gôsi locaux, dont les enfants sont élevés en vue de la fonction. Le paysan ne connaît donc que le daikwan qui incarne toute l'autorité supérieure; dans la vie quotidienne, il se règle sur les avis de ses syndics, sur ses coutumes immémoriales qu'il connaît à fond; il ne croit pas aux lois édictées d'en haut : tenka hatto, mikka hatto 天下法度三日法度 (*tenka hatuto mituka hatuto*), lois du gouvernement, lois de trois jours, dit un proverbe. Quant au seigneur et à ses samourahi, le peuple les ignore, comme ils ignorent le peuple.

Dans cet état patriarcal et féodal, les deux dernières classes, artisans kô 工 (*kou*) ou chokounin 職人 (*siyokunin*), marchands chô 商 (*siyau*) ou akindo 商人 (*akindo*), ont un rôle étroit; on en trouve quelques-uns près des châteaux des principaux seigneurs, dans quelques ports; mais ils ne se sont développés qu'à Ôsaka et à Édo, villes du territoire chôgounal : leur développement est à côté de la féodalité. Je n'insisterai donc pas sur ces deux classes, non plus que sur la caste vile des éta 穢多 (*eta*), qui forme en somme une exception.

VI

Pour achever ce tableau sommaire des clans, il faut noter le nombre et la situation des fiefs, en face du domaine des Tokougawa. J'ai indiqué plus haut leur nombre, ainsi que le nom, l'importance, la position géographique des principaux. Le croquis qui accompagne ce mémoire, montrera la concentration du domaine chôgounal, qui s'entoure de vassaux fidèles, se défend par des places habilement choisies au loin et met des houdai ou des tozama alliés entre les fiefs dangereux des clans ennemis. Je me suis abstenu de marquer les limites des fiefs, indiqués seulement par leurs capitales; les frontières données sur les cartes sont celles des anciennes provinces de l'époque impériale ; je ne connais aucune carte précise du Japon féodal et n'ai pas les documents pour en dresser une.

« Les seigneurs semi-indépendants ont été tolérés par Ihéyasou ; ne pouvant ou n'osant supprimer les plus puissants d'entre eux, le bakou-hou a établi ou élevé au même rang de kokousi, sur leurs flancs, des maisons rivales : Hosokawa de Higo et Kouroda de Tsikouzen contre le Satsouma, Ikéda de Bizen et Asano d'Aki contre les Môri; contre les Mahéda de Kaga, il a dressé en Étsizen les Matsoudahira, branche cadette des Tokougawa. Il a suivi la même politique au moyen des kamon et des houdai... Leurs fiefs coupent la route aux kokousi du nord, jalonnent le Tôkaidô 東海道 (*Toukaidau*) qui relie Édo à Kyôto, s'intercalent entre Kyôto et l'ouest à moitié soumis, tiennent à Takamatsou 高松 (*Takamatu*) du Sanouki 讃岐 (*Sanuki*), à Nakatsou 中津 (*Nakatu*) et Kokoura (*Kokura*) 小倉 du Bouzen, à Nobéoka 延岡 (*Nobewoka*) du Hiouga les passages de la mer intérieure..... Les sanké, seigneurs d'Owari, de Kii, de Mito, postés respectivement sur le Tôkaidô, à l'entrée de la mer intérieure, et au nord de Édo, contribuent à la sûreté de la capitale ».

Il faut noter encore l'administration de Kyôto par les officiers du bakou-hou, les villes chôgounales autour de la capitale[1], Nagasaki surveil-

1. Housimi 伏見 (*Husimi*), Nara 奈良 (*Nara*), Ôsaka

lant les grands vassaux de Kyou-chou 九州 (*Kiusiu*) et les étrangers qui débarquent[1], Nihigata 新潟(*Nihigata*) le principal port du nord-ouest, Sado 佐渡 (*Sado*) et ses mines d'or, Hakodaté, Simoda 下田 (*Simoda*), Ouraga 浦賀 (*Uraga*) contre les Russes et aux abords de Édo. Les houdai de Hikoné, Ôgaki 大垣 (*Ohogaki*) Kaméyama Yodo gardent l'Empereur ; ils ont en face d'eux quelques tozama ; les provinces[2] où se trouvent les domaines de l'Empereur et des kougé, renferment une quinzaine de daimyô[3]. Les pro-

大坂 (*Ohosaka*), Sakahi 堺 (*Sakahi*), Yamada 山田 (*Yamada*).

1. Factorerie hollandaise de Désima 出島 (*Desima*) ; Chinois dans la ville.

2. Yamasiro 山城 (*Yamasiro*), Yamato 大和 (*Yamato*), Ômi 近江 (*Ahumi*), Tamba 丹波 (*Tanba*), Séttsou 攝津 (*Setutu*), Kawadzi 河内 (*Kahadi*), Idzoumi 泉和 (*Idumi*).

3. Daimyô des provinces de Yamato, Yamasiro, Ômi, Tamba, Séttsou, Kawadzi, Idzoumi :

vinces chôgounales enclavent soixante-quinze fiefs de houdai ou de tozama ; elles sont protégées

Hikoné	(houdai)	彦根	(*Hikone*)	350.000	kokou	
Zézé	(id.)	膳所	(*Zeze*)	60.000	—	
Minakoutsi	(id.)	水口	(*Minakuti*)	25.000	—	
Yodo	(id.)	淀	(*Yodo*)	100.000	—	
Kaméyama	(id.)	龜山	(*Kameyama*)	50.000	—	
Houkoutsiyama	(id.)	福知山	(*Hukutiyama*)	32.000	—	946.0
Sasayama	(id.)	篠山	(*Sasayama*)	60.000	—	
Amagasaki	(id.)	尾ケ崎	(*Amagasaki*)	40.000	—	
Kisiwada	(id.)	岸和田	(*Kisiwada*)	53.000	—	
Kôriyama	(id.)	郡山	(*Kohoriyama*)	151.000	—	
Takatori	(id.)	高取	(*Takatori*)	25.000	—	
Yamaihé	(tozama)	山家	(*Yamaihe*)	10.000	—	
Sonobé	(id.)	園部	(*Sonobe*)	26.000	—	
Ayabé	(id.)	綾部	(*Ayabe*)	19.000	—	111.00
Kasiwabara	(id.)	栢原	(*Kasihabara*)	20.000	—	
Sanda	(id.)	三田	(*Sanda*)	36.000	—	

au nord par le houdai important d'Ahidzou, contre les tozama qui occupent tout le nord, Sendai et autres ; mais, fait bizarre, au cœur même de sa domination, dans le Kwantô [1], tout près de Édo, le bakou-hou a laissé subsister une dizaine de tozama [2] : nulle part les Tokougawa n'ont pu annuler l'élément indépendant.

Le Japon des Tokougawa est divisé en seigneuries semi-autonomes, dépendant plus ou moins

1. Voir note 4, p. 18.
2. Tozama du Kwantô :

Kakégawa	掛川	(*Kakegaha*)	50.000	kokou	252.000
Houkiagé	吹上	(*Hukiage*)	10.000	—	
Ihida	飯田	(*Ihida*)	17.000	—	
Matsousiro	松代	(*Matusiro*)	100.000	—	
Sousaka	須坂	(*Susaka*)	10.000	—	
Nanoukaitsi	七日市	(*Nanukaiti*)	10.000	—	
Kourowané	黒羽	(*Kurohane*)	18.000	—	
Ôtawara	太田原	(*Ohotahara*)	11.000	—	
Yatabé	谷田部	(*Yatabe*)	16.000	—	
Asô	麻生	(*Asau*)	10.000	—	

étroitement de suzerains superposés dont le plus élevé est l'Empereur. A l'heure de la Restauration, la plupart des hommes d'état veulent maintenir l'organisation féodale, la simplifier par la réunion aux mains de l'Empereur de tous les pouvoirs du chôgoun, faire du Japon un empire fédéral. A partir de 1869, quelques politiques travaillent à établir une unité organique; d'autres, jusqu'en 1877, restent fidèles à l'idée de fédération. Ce plan est nettement exprimé dans la lettre suivante, écrite en français le 10 novembre 1867 par « Nomura Sooshi » au comte de Montblanc, alors au service du Satsouma : « — Je vous écris cette lettre pour être représenté parmi les premiers que vous verrez accourir en vous criant : Victoire ! Les préparatifs ont été longs, mais le programme a été fidèlement suivi sur sa base légale, révélée dans vos écrits et soutenu par vos actes. La confédération japonaise sous la présidence de Sa Majesté le Mikado est aujourd'hui dégagée de toute illusion... Sa Majesté le Mikado convoquera à Kyoto tous les daimyo japonais qui formeront une chambre souveraine. Cette chambre aura à prononcer sur toutes les questions d'intérêt général. La question des étrangers est acceptée au nom de Mikado sur les bases existant déjà dans les états du Kwanto. L'alliance étrangère doit s'étendre dans les autres états et se formuler alors sur une base plus libérale. Sa Majesté le Mikado fera connaître les résolutions de la chambre fédérale par des décrets et des proclamations..... »

Histoire des grands daimyô (Nihon gwai si 日本外史, *Nihon guwai si*) jusqu'au xviie siècle; par Rai Kyoutarô 賴久太郎 (*Rai Kiutarau*), 22 livres (édition de 1864 augmentée, réimprimée à Kyôto, 1880-1882; 12 volumes petit-in 8).

Histoire des grands daimyô, suite (Chokou nihon gwai si 續日本外史, *Siyoku nihon guwai si*) de la fin du xviiie siècle à 1876; par Oumasougi Tsounagou 馬杉繫 (Umasugi Tunagu). 10 livres (édition de Tôkyô; 6 vol. petit in-8, 1876-1877).

Annuaire (Boukan 武鑑, *Bukan*) : je n'ai pas vu le Boukan de 1862 cité par M. Rudorff; j'ai sous les yeux le suivant :

Annuaire pour 1860 (Taiséi boukan 大成武鑑, *Taisei bukan*). 4 vol., 115×160 mm. (Musée Guimet 15459, O-2 VII). Cet annuaire est divisé en deux parties; les tomes 1 et 2 contiennent la liste des maisons féodales en commençant par les Tokougawa (noms, postnoms, généalogies, mon, titres de noblesse impériale, insignes distinctifs, nature et quantité des dons gracieux, revenus, daimyô retirés, etc.); cette liste renferme 123 noms de familles portés à la table, mais représentant un plus grand nombre de daimyô. Les tomes 3 et 4 donnent la liste des fonctionnaires du bakou-hou (noms et potsnoms, mon, titres de noblesse impériale, date de nomination, revenus, etc.).

Bulletin des lois (Hôréi zencho 法令全書, *Hahurei zensiyo*); années 1867-1884, publiées à Tôkyô, 1887-1891 ; in-8.

Lois des Tokougawa (Tokougawa kinréi kô 德川禁令考, *Tohugaha kinrei kau*). Recueil compilé par Kikoutsi Chounsouké 菊池駿助 (*Kikuti Siyunsuke*). 2 vol. petit in-8, Tôkyô 1894 (incomplet, la suite n'a pas paru).

Vie de Saigô Takamori (Saigô Takamori no den 西鄉隆盛傳 *Saigau Takamori no den*); par

Katsouta Magoya 勝田孫彌 (*Katuta Magoya*), 5 vol. petit in-8, Tôkyô, 1894-1896.

Saigô Nanchou 西郷南洲 (*Saigau Nansiyu*); par Kawasaki Sisan 川崎紫山 (*Kahasaki Sisan*), 1 vol. petit in-8, Tôkyô, 1897.

Histoire des rapports avec l'Occident (Sairiki tôzen si 西力東漸史 *Sairiki touzen si*), par Nakagawa Kiyozirô 中川清次郎 (*Nakagaha Kiyozirau*) et Kawasaki Sabourô 川崎三郎 (*Kahasaki Saburau*), 1 vol. in-8, Tôkyô, 1898.

The History of Japan, par Francis Ottiwell Adams. 2 vol. grand in-8, Londres, 1875.

Ancien Japon, par G. Appert et H. Kinoshita. 1 vol. in-18, Tôkyô, 1888.

Geschichtliche Entwickelung der Staatsverfassung und des Lehnwesens von Japan. Inaugural-Dissertation... von Sakuya Yoshida, 1 vol. petit in-8, la Haye, 1890.

La « Religion de Jésus » ressuscitée au Japon, par F. Marnas. 2 vol. grand in-8, Paris Lyon, 1896.

The Feudal System under the Tokugawa Shôguns,

par J. H. Gubbins (Transactions Asiatic Society Japan, vol. XV, p. 131).

Notes on land tenure and local institutions in old Japan, par D. B. Simmons et J. H. Wigmore (Tr. As. S. J., XIX, p. 37).

The Mito civil war, par Ernest W. Clement (Tr. As. S. J., XIX, p. 393).

Feudal land tenure in Tosa, par R. B. Grinnan (Tr. As. S. J., XX, 228).

Der Japanische Adel, par M. von Brandt (Mittheilungen d. Deutschen Gesellschaft f. Natur = und Völkerkunde Ostasiens, Tokyo; vol. I, 6e cahier, p. 5).

Rechtspflege unter den Tokugawa, par Otto Rudorff (Mitth. D. Ges. Ostasiens, vol. IV, p. 378).

Tokugawa-Gesetz-Sammlung, par Otto Rudorff (Supplement-Heft zu Band V, Mitth. D. Ges. Ostasiens, avril 1889).

The Luchu islands and their inhabitants, par Basil Hall Chamberlain (the Geographical Journal, avril mai juin 1895).

Coup d'œil sur les institutions du gouvernement de Tokugawa par M. Yorodzou Oda (Actes du XIe Congrès international des Orientalistes, 2e section, p. 95. Paris, grand in-8, 1898).

Notice sur le royaume de Lieou-khieou (Lieou

khieou koẹ tchi lio 琉球國志略) par Tcheou Hoang 周煌; présenté à l'Empereur en 1757. 15 livres, grand in-8.

Histoire de la Cour des Interprètes (Htong moun koan tji 通文館志). Ouvrage coréen par divers auteurs, voir livre 5. La dernière édition, Seoul, 1889, 6 vol. in-folio, est en 11 livres et 1 supplément.

Õkoubo (Ministres et hommes d'état), par Maurice Courant. 1 vol. in-18. Paris, 1904.

CONFÉRENCE DU 17 JANVIER 1904

LES APOTRES CHEZ LES ANTHROPOPHAGES

PAR

M. SALOMON REINACH
Membre de l'Institut

Caius Plinius Secundus, que nous appelons Pline le Jeune, était, en 112 ap. J.-C., gouverneur romain de la Bithynie, c'est-à-dire du nord-ouest de l'Asie Mineure. A peine installé, il dut écouter les doléances des propriétaires et des marchands de bestiaux; leur commerce souffrait, parce qu'on n'achetait plus de victimes pour les sacrifices; une secte religieuse nouvelle, celle des chrétiens, s'était à tel point multipliée que les temples perdaient leur clientèle et devenaient déserts. Quatre-vingts ans plus tard, vers l'an 200, Tertullien, prêtre en Afrique, disait que les chrétiens, bien que datant de la veille, avaient déjà rempli le monde (*hesterni sumus et vestra omnia implevimus*[1]). Cette dernière expression semble quelque peu hyperbolique, mais les témoignages de Pline et de Tertullien se confirment l'un l'autre. La propagation du christianisme à travers le monde romain fut très rapide ; au commencement du IIe siècle, les chrétiens sont déjà assez nombreux en Asie pour inquiéter les intérêts des païens; à la fin du siècle, ils se croient la majorité; un siècle encore, et ils seront les maîtres de l'Empire.

Comment cette propagation s'est-elle accomplie? Pour la seconde partie du IIe siècle, époque où les textes chrétiens sont déjà abondants, nous le savons dans une certaine mesure; mais, pour le Ier siècle, qui fut l'époque décisive, notre ignorance est presque complète. Jésus avait eu douze disciples appelés apôtres auxquels il commanda de répandre sa doctrine à travers le monde. Mais, de ces douze apôtres, il y en a deux seulement

1. Tertull., *Apolog.*, XXXVII : « Les Maures, les Marcomans, les Parthes, quelque nation que ce soit, est-elle plus nombreuse qu'une nation qui n'a d'autres limites que l'univers? Nous ne sommes que d'hier et déjà nous remplissons tout, vos villes, vos îles, vos bourgs, vos municipes, vos comices, vos camps, vos tribus, le palais, le sénat, le forum ; nous ne vous laissons que vos temples. »

dont nous puissions esquisser la biographie : saint Pierre et saint Jean. Il faut naturellement ajouter saint Paul, l'apôtre des Gentils, dont la vocation est postérieure à la mort du Christ, mais qui, grâce à ses Épîtres et aux Actes, nous est le plus familier de tous. En revanche, que savons-nous de Philippe, d'André, de Mathias, de Jacques, de Barthélemy et des cinq autres? Nous ne savons rien, rien que leur vocation et leurs noms.

Notre ignorance, à cet égard, ne tient nullement au fait regrettable que la littérature chrétienne du IIe siècle ne nous est pas parvenue tout entière. Eusèbe, évêque de Césarée, écrivant vers 330 et disposant des plus riches bibliothèques de l'Asie, n'en savait pas plus long que nous. Au commencement du IIIe livre de son *Histoire de l'Église*, il s'exprime ainsi : « Les saints Apôtres et les saints disciples du Sauveur se répandirent par toute la terre. Thomas, comme nous l'avons appris de nos pères, eut en partage le pays des Parthes, André celui des Scythes, et Jean l'Asie. » Puis il parle des missions de Pierre et de Paul et ajoute : « Origène rapporte tout ceci dans le livre troisième de ses commentaires sur la Genèse. » Or, Origène, docteur chrétien d'Alexandrie, vécut de 185 à 254; c'est à lui qu'Eusèbe est obligé d'emprunter les très maigres informations qu'il nous donne. C'est donc qu'il n'en connaissait pas d'autres qui lui parussent dignes de foi.

Eusèbe était un savant et se résignait à ne point tout savoir. Mais les ignorants, les humbles, le peuple enfin, ne se résignent pas volontiers à cela. Dans tous les pays où le christianisme avait pris pied au IIe siècle, il se forma des légendes sur les origines locales de ce mouvement. Une rivalité bien naturelle poussa les Églises à se réclamer d'illustres fondateurs; et quels fondateurs plus illustres que les apôtres, ceux qui avaient recueilli directement de ses lèvres l'enseignement de Jésus? Les Actes des Apôtres qui font suite à nos Évangiles ne s'occupent guère que de saint Paul et de saint Pierre; on se mit à en composer d'autres, où la mission des autres apôtres était racontée. En l'absence de tout témoignage précis, les imaginations se donnèrent libre cours et il y eut comme une surenchère de merveilleux. L'Église vit naître ces compositions avec d'autant plus de méfiance que la doctrine en était souvent suspecte; les sectes, si nombreuses dès les premiers temps du christianisme, avaient chacune une littérature pieuse, des Évangiles, des Actes, des Lettres, qui étaient tout imprégnés de leur esprit. Toutefois, l'Église, victorieuse du paganisme au IVe siècle, ne fit pas disparaître, du moins en général, les ouvrages qu'elle n'approuvait pas; c'eût été d'ailleurs très difficile, tant ces récits merveilleux étaient répandus. On se contenta d'éliminer ou d'atténuer ce qui, dans les discours prêtés à Jésus ou aux apôtres, choquait trop ouvertement l'orthodoxie; mais les histoires elles-mêmes furent considérées comme inoffensives. De ces histoires d'apôtres, que l'on appelle les Actes apocryphes, nous possédons un grand nombre en diverses langues, grec, latin, copte, syriaque, arabe; il ne se passe presque pas d'années qu'on n'en découvre de nouveaux fragments et tout ce que l'on possède en ce genre n'a pas encore été publié. C'est une littérature très curieuse, très instructive même, qui ne nous renseigne pas, bien entendu, sur ce qu'ont vraiment fait et pensé les disciples de Jésus, mais qui nous apprend ce que l'on croyait à leur sujet dès le IVe siècle, dans les classes inférieures des communautés chrétiennes, et aussi quel singulier mélange de piété et de romanesque séduisait les imaginations de ce temps-là.

Cela dit, je vais vous exposer un de ces récits, intitulé « Les actes d'André et de Mathias dans la cité des Anthropophages »[1]. Pour que vous puissiez

1. Cet apocryphe a été étudié en dernier lieu par Dobschütz,

en saisir nettement le caractère, je raconterai sans m'interrompre pour commenter; à la fin seulement, je vous présenterai quelques observations propres à préciser l'origine et les sources de cette composition anonyme, dont on possède de nombreux manuscrits en plusieurs langues et même une vieille traduction anglo-saxonne.

Les Apôtres, s'étant réunis en un même lieu, tirèrent au sort pour se partager les pays où ils devaient aller enseigner le christianisme. La contrée des Anthropophages échut à Mathias, celui qui avait remplacé Judas après sa trahison. Ces Anthropophages étaient de terribles gens; ils ne mangeaient pas de pain, ne buvaient pas de vin, mais se nourrissaient de la chair et du sang des hommes. Quand un étranger entrait dans leur ville, ils le saisissaient, lui crevaient les yeux et lui donnaient à boire une drogue magique qui lui ôtait la raison. Dès que Mathias eut franchi la porte de la ville, ils le saisirent, l'aveuglèrent, lui firent boire la drogue, le conduisirent en prison et lui apportèrent de l'herbe à manger. Mathias ne mangea point, mais, dans sa détresse, adressa de ferventes prières à Jésus.

Deutsche Rundschau, avril 1902, p. 87-106. Je n'ai lu le mémoire du savant allemand qu'après avoir écrit le mien.

Pendant qu'il priait dans sa prison, il vit tout à coup une grande lumière et de cette lumière sortit une voix qui lui dit : « Cher Mathias, recouvre la vue ». Et immédiatement il vit clair. Puis la voix l'exhorta à prendre courage et lui promit qu'il serait sauvé par l'apôtre André, qui arriverait après vingt-sept jours et le délivrerait de sa dure captivité.

Mathias s'assit dans sa prison et chanta. Lorsque les bourreaux entrèrent, cherchant les victimes désignées pour ce jour-là, Mathias ferma les yeux, afin qu'ils crussent qu'il était encore aveugle. On lui avait attaché à la main droite une étiquette[1] où la date de son emprisonnement était inscrite; il devait, comme une bête à l'engrais, attendre ainsi trente jours révolus, après quoi on l'emporterait pour le tuer et le dépecer.

Le vingt-septième jour, le Seigneur apparut à André et lui ordonna de partir avec ses disciples pour le pays des Anthropophages, afin de délivrer Mathias; il fallait que cela fût accompli dans le délai de trois jours. L'apôtre répondit qu'il était prêt à partir, mais que le pays des Anthropophages

1. Cette étiquette est dite τάβλα; on appelait ainsi les planchettes portant des noms que l'on fixait aux momies égyptiennes (Le Blant, *Rev. archéol.*, 1874, I, p. 244).

était trop loin, qu'il était impossible de s'y rendre dans un si bref délai et que le Seigneur ferait mieux de charger un ange de cette mission. « Obéis, lui répondit le Seigneur. Lève-toi de bon matin et te rends sur le rivage avec tes disciples; tu y trouveras un bateau. » Et, après avoir béni André, il remonta au ciel.

Le lendemain matin, à la première heure, André et ses disciples descendent au rivage et voient un petit bateau dans lequel sont assis trois hommes. « Où allez-vous, frères? » leur demanda-t-il. « Nous allons, répondit le pilote-patron, au pays des Anthropophages. » « Moi aussi, dit André. » « Mais, dit le pilote, tout le monde évite d'aller dans ce pays-là; pourquoi donc y vas-tu? » « J'y ai quelque affaire, répondit André, et je voudrais que tu nous prisses à bord, mes compagnons et moi. » « Entrez donc, dit le pilote. »

« Avant d'entrer, reprit André, il faut que je te dise que nous n'avons pas d'argent pour payer notre passage; nous n'avons même pas de pain à manger. » — « Comment alors pensez-vous embarquer et faire la route? » demanda le pilote. — « Écoute, frère, nous sommes les disciples du Seigneur Jésus-Christ, le bon Dieu, qui nous a ordonné d'aller prêcher, mais nous a interdit d'emporter avec nous de l'argent, de la nourriture, ni même un vêtement de rechange[1]. Si tu veux nous accepter tels que nous sommes, dis-le nous ; sinon, nous devrons chercher un autre moyen. » — « Si c'est là l'ordre que vous avez reçu, dit le pilote, et que vous vous y conformiez, je suis heureux de vous recevoir à bord, bien plus que ceux qui me donnent de l'or et de l'argent ; car c'est une joie pour moi de voir dans ma barque un apôtre du Seigneur. » André le remercia, le bénit et tous s'embarquèrent.

« Va chercher trois pains à fond de cale, dit le patron à un des matelots ; il faut que nos passagers en mangent, afin de pouvoir supporter le mouvement des flots et le mal de mer. » — « Frère, dit André, puisse le Seigneur te faire participer au pain céleste ! » — « Si tu es vraiment un disciple de Jésus, dit le patron, raconte donc les miracles de ton maître à tes disciples, afin qu'ils se réjouissent en leur cœur et cessent de craindre la mer. » Déjà le bateau avait quitté le rivage ; André rappela à ses disciples, qui étaient inquiets et mal à l'aise, comment un jour, étant

1. Matt.. x, 10 : « Ne prenez ni or ni argent, ni monnaie dans vos ceintures, ni sac pour le voyage, ni deux habits, ni souliers, ni bâton ; car l'ouvrier doit recevoir la nourriture qu'il a méritée. » Cf. Marc, VI, 9.

sur le lac avec Jésus, ils avaient éprouvé une forte tempête, que le Seigneur avait aussitôt apaisée. Puis André fit une prière et demanda que ses disciples s'endormissent. Il n'avait pas encore fini qu'ils dormaient profondément.

La barque filait comme une flèche sur une mer d'huile. « Comme tu gouvernes bien ta barque ! dit André au pilote ; je navigue depuis seize ans et n'ai jamais vu un pilote aussi habile. » — « Nous aussi, répondit le pilote, nous avons souvent navigué et couru des dangers ; mais comme tu es un disciple de Jésus, vois, la mer a reconnu que tu es un homme juste et elle ne s'est pas soulevée en flots irrités. » « Merci, Seigneur, s'écria André, de m'avoir fait rencontrer un homme qui glorifie ton nom ! »

« Dis-moi, disciple de Jésus, ton maître n'a-t-il pas fait d'autre miracles que ceux dont on parle? » André, après avoir un peu hésité, consent à satisfaire la curiosité du pilote. Un jour, avec les Douze, Jésus entra dans un temple des païens, devant lequel y il avait deux sphinx. Jésus ordonna à l'un des sphinx de se lever de son piédestal et de venir convaincre les prêtres de sa mission divine. Le sphinx obéit et parla d'une voix humaine. Puis Jésus dit au sphinx d'aller dans le pays de Chanaan, au champ de Mambré, de réveiller dans leur tombe Abraham, Isaac et Jacob et de les amener au temple. Le sphinx obéit encore et revint avec les trois patriarches. Puis Jésus renvoya les patriarches et ordonna au sphinx de reprendre sa place à la porte du temple. « Il a fait bien d'autres miracles, ajouta André, mais si je les racontais, tu ne le supporterais pas [1]. » « Tu te trompes, répondit le pilote, car j'aime toujours écouter des discours utiles. »

Cependant le bateau approchait du rivage. Le pilote pencha sa tête sur l'épaule d'un des matelots et resta silencieux. André se tut également et s'endormit. Quand il le vit dormir, le pilote dit à ses matelots : « Étendez vos mains sous son corps et portez André et ses disciples devant les murs de la ville des Anthropophages ; puis revenez à moi. » Les matelots déployèrent leurs ailes, qu'ils avaient cachées jusque-là, obéirent et revinrent. Alors Jésus — car, vous l'avez deviné, le pilote du mystérieux bateau était Jésus lui-même — remonta au ciel avec ses anges, qui étaient les matelots.

Au point du jour, André se réveilla par terre et

1. Jean, XXI, 25 : « Il y a aussi beaucoup d'autres choses que Jésus a faites ; et si elles étaient écrites en détail, je ne pense pas que le monde pût contenir les livres qu'on en écrirait. »

vit ses disciples endormis autour de lui. « Levez-vous, dit-il, et sachez que nous avons été conduits sans le savoir par le Seigneur lui-même, qui s'est humilié, a pris figure de marin et nous a mis à l'épreuve. » Puis il fit une prière et supplia le Seigneur de se manifester à lui. Jésus apparut sous les traits d'un enfant d'une merveilleuse beauté. André demanda pardon de ne l'avoir pas reconnu. « Tu n'as pas péché, répondit Jésus; mais tu as douté que tu pusses aller en trois jours au pays des Anthropophages et je t'ai montré que je puis faire toutes choses. Maintenant, va à la prison de Mathias et délivre-le, ainsi que tous les étrangers qui sont avec lui. Tu seras cruellement torturé, ton sang coulera à flots, mais tu ne mourras point, car les habitants de cette ville sont destinés à devenir des croyants. » Et, ayant ainsi parlé, il remonta au ciel.

André et ses disciples parvinrent inaperçus jusqu'à la prison. Elle était entourée de sept gardiens ; André pria, et ils tombèrent morts ; il fit le signe de la croix sur la porte, et la porte s'ouvrit. Ils trouvèrent Mathias assis et chantant et ils s'embrassèrent; la promesse du Seigneur à Mathias s'était accomplie avant le trentième jour.

Dans la même prison il y avait des hommes et

des femmes tout nus qui mangaient de l'herbe ; c'étaient des étrangers à l'engrais, que les sauvages avaient abrutis et aveuglés. André leur rendit la vue en touchant leurs yeux et la raison en touchant leur poitrine ; de la sorte, 270 hommes et 49 femmes furent délivrés par l'apôtre. André leur ordonna de sortir de la ville et de s'asseoir sous un grand figuier, dont les fruits, miraculeusement multipliés, ne cesseraient de suffire à leur nourriture ; puis il fit descendre du ciel un nuage qui emporta Mathias et ses disciples sur une montagne auprès de saint Pierre. André resta seul dans la ville. Il aperçut un pilier de bronze sur lequel était une statue et s'assit derrière le pilier pour observer ce qui se passait.

Les bourreaux, étant allés à la prison chercher des victimes, trouvèrent les gardes étendus morts et les cellules vides. Alors ils firent leur rapport aux magistrats, qui furent très alarmés. « Retournez à la prison, dirent-ils aux bourreaux, et ramenez les cadavres des gardes, afin que nous les mangions aujourd'hui même. Puis, nous réunirons les vieillards de la ville et nous tirerons au sort parmi eux afin d'en manger sept tous les ours. Cela nous suffira pendant quelque temps ; dans l'intervalle, nous équiperons des navires ;

nos jeunes gens pourront partir en expédition et nous ramener des prisonniers à manger. »

Les bourreaux firent ce qui leur était ordonné et se mirent en devoir de dépecer les sept gardes ; mais tout à coup leurs couteaux tombèrent et leurs mains se pétrifièrent. « Malheur à nous ! » crièrent les magistrats, « il y a des magiciens attachés à notre perte ! Mais allez vite réunir les vieillards ! » Aussitôt dit, aussitôt fait. On trouva 217 vieillards et le sort en désigna sept pour être mangés ce jour-là. L'un d'eux supplia les bourreaux de l'épargner et offrit à sa place son fils et sa fille. Les magistrats acceptèrent l'offre ; mais les pauvres enfants se lamentaient piteusement et demandaient avec des larmes qu'on les laissât grandir. Nonobstant, on les traîna au lieu du sacrifice, où il y avait un four pour cuire la viande et un bassin pour recevoir le sang. Alors André, qui voyait tout sans être vu, pria le Seigneur. Une fois de plus, les couteaux tombèrent des mains des bourreaux. « Malheur à nous ! » s'écrièrent les magistrats, » faudra-t-il donc que nous mourions de faim ? »

Comme ils se désolaient ainsi, le diable leur apparut sous les traits d'un petit vieillard. « Cherchez donc par la ville, leur dit-il, un certain étranger du nom d'André et le mettez à mort ;

car c'est lui qui a délivré vos prisonniers et qui, par ses sortilèges, vous réduit à la famine. » Mais André était invisible. On ferma les portes, on fureta partout, mais en vain. Alors le Seigneur apparut à André et lui dit : « Lève-toi et montre-toi maintenant à ces hommes. » « Me voici ! cria André, c'est moi que vous cherchez ! » A l'instant la multitude l'entoure et l'on se met à délibérer sur le genre de mort qu'il convient de lui infliger. C'était trop peu de le tuer : il fallait le faire souffrir longuement. Un homme, en qui le diable était entré, conseilla de lui passer une corde autour du cou, de le traîner à travers les rues et les ruelles de la ville et, après l'avoir ainsi tué, de le manger. La foule applaudit et aussitôt le supplice d'André commença ; la chair de l'apôtre fut horriblement meurtrie sur les pierres et le sang coula de son corps comme de l'eau. Mais il ne mourut pas et, le soir venu, on le jeta dans la prison, les mains attachées derrière le dos. Le lendemain matin, on recommença à le traîner ; il ne cessait, dans sa peine, de prier le Seigneur. « Frappez-le sur la bouche, dit le diable, afin qu'il se taise ! » Le soir venu, on le ramena à la prison. Le diable s'y rendit avec sept démons pour insulter André et pour essayer de le tuer, mais ils ne purent approcher

9

de lui, car il portait sur le front le sceau du Seigneur. Le troisième jour, le supplice recommença, et on le ramena le soir à la prison. Il était épuisé de fatigue et couvert de plaies ; mais le Seigneur lui apparut, lui prit la main et lui rendit toute sa force. André se leva et aperçut, au milieu de la prison, un pilier sur lequel était posée une statue d'albâtre. C'était probablement, bien que le texte ne le dise pas, une de ces statues de fontaines qui répandent de l'eau, d'ordinaire par la bouche, et dont le type, très fréquent à l'époque romaine, est représenté par de nombreux exemplaires dans nos Musées. André ordonna à la statue de cracher de l'eau par la bouche jusqu'à ce que les habitants de cette ville impie fussent châtiés. Aussitôt la statue obéit et commença à vomir des torrents d'eau. C'était une eau corrosive, qui mangeait la chair des hommes, et elle coulait sans interruption.

Quand le jour parut, les habitants s'aperçurent que la ville était inondée et se mirent à fuir dans toutes les directions, pour chercher refuge ailleurs. Alors André pria le Seigneur : « Ne m'abandonne pas, Seigneur, mais envoie ton archange Michel dans un nuage pour tracer une enceinte de feu autour de la ville afin que personne n'en puisse échapper. » Aussitôt la ville fut entourée de feu et l'eau, qui montait jusqu'au cou des habitants, leur rongeait les chairs. « Malheur à nous! disaient-ils; tous ces fléaux se sont déchaînés à cause de l'étranger qui est dans la prison! Allons le délivrer, sans quoi nous sommes tous perdus. »

Ils coururent vers la prison, criant à tue-tête : « Dieu de l'étranger, délivre-nous de cette eau! » André les entendit et, les voyant dans l'affliction, dit à la statue d'albâtre : « Cesse de répandre de l'eau, car il semble que les habitants de cette ville veulent embrasser la vraie foi; j'y bâtirai une église et je te placerai dans cette église, pour reconnaître le service que tu m'as rendu. » La statue cessa de vomir de l'eau. Les habitants se rendirent à la porte de la prison et prièrent humblement le dieu de l'étranger d'avoir pitié de leur infortune. André sortit et marcha vers eux; comme il marchait, l'eau s'écartait de ses pieds. Toute la multitude l'implora de la prendre en pitié. Parmi ceux qui le suppliaient ainsi était le vieillard qui avait livré son fils et sa fille. « Comment peux-tu invoquer ma pitié, dit André, toi qui as été sans pitié pour tes enfants? Aussi, je te le dis, quand cette eau rentrera dans l'abîme, tu y entreras avec elle, et avec toi les quatorze bourreaux qui tuent des hommes tous les jours. » Alors André leva les yeux au ciel, la terre s'ouvrit et l'eau s'y engouffra avec le vieillard et les quatorze bourreaux.

« Cet homme vient de Dieu ! » s'écrièrent les sauvages, il va nous tuer tous, il va faire descendre le feu pour nous brûler ! » — « Soyez sans crainte, mes enfants », répondit André, et il rendit d'abord à la vie tous les hommes, femmes et enfants qui s'étaient noyés au cours de l'inondation. Puis il dessina le plan d'une église et la fit bâtir. Ensuite il baptisa tout le monde et prêcha les enseignements de Jésus. Cela fait, il décida de partir. Vainement ils essayèrent de le retenir auprès d'eux. « Je dois, dit André, aller retrouver mes disciples, » et il sortit de la ville, laissant les nouveaux convertis dans la douleur de l'avoir perdu si tôt.

Jésus, sous la forme d'un petit enfant, apparut alors à André. « Pourquoi, lui dit-il, n'as-tu pas accordé à ces gens un délai de quelques jours ? Leurs cris et leurs pleurs sont montés au ciel jusqu'à moi. Reviens dans la ville et restes-y sept jours, jusqu'à ce que leurs cœurs soient confirmés dans la foi. Tu y prêcheras mon Évangile et tu ramèneras à la lumière ceux qui sont dans l'abîme. »

André rendit grâces au Seigneur, qui voulait

ainsi que toutes les âmes fussent sauvées. Il fut accueilli dans la ville avec des transports de joie et y resta sept jours, prêchant la parole divine et enseignant. Puis, quand il sortit de nouveau, tous lui firent escorte, depuis les petits enfants jusqu'aux vieillards, en disant : « Il y a un seul Dieu, le Dieu d'André, et un seul Seigneur Jésus, auquel soient la gloire et la puissance à jamais. Amen ! »

* * *

Éclaircissons d'abord la géographie de ce singulier récit.

Dans une composition qui fait suite à celle-là et qui est intitulée « Le martyre de saint Mathias l'apôtre », la ville des Anthropophages est appelée *Myrné*; d'autres auteurs la nomment *Myrméné* ou *Myrmidona*. Gutschmid a reconnu sous ces noms corrompus celui de *Myrmécion* dans la Chersonnèse taurique, c'est-à-dire en Crimée. Dès l'époque d'Hérodote, les Grecs croyaient que plusieurs tribus de la Russie actuelle étaient anthropophages [1];

1. Hérodote, IV, 106 (cf. IV, 18 et 53) : « Il n'est point d'hommes qui aient des mœurs plus sauvages que les Androphages. Ils ne connaissent ni les lois, ni la justice; ils sont nomades. Leurs habits ressemblent à ceux des Scythes; mais ils ont une langue

bien entendu, il n'y avait plus d'anthropophages en Scythie à l'époque où est censée se passer cette histoire, mais j'ai à peine besoin de vous prouver qu'elle est fondée sur une légende de navigateurs qui doit être de bien des siècles plus ancienne. Le point de départ d'André et de ses compagnons, c'est une ville d'Asie sur la côte de la mer Noire, probablement Sinope. De Sinope en Crimée, même avec un vent très favorable, un bateau ne peut se rendre en trois jours ; ainsi s'explique, au début du récit, l'hésitation d'André. S'il fit le voyage en moins d'un jour, c'est qu'il était dans une barque conduite par Jésus.

Dirons-nous que la légende a pris naissance en Crimée, dans une ville où une église, renfermant une statue d'albâtre, était placée sous le vocable de l'apôtre André et passait pour avoir été fondée par lui? Assurément, cette légende a pu y devenir populaire, mais il n'est guère possible qu'elle vienne de là. En effet, dans le récit que fait André à Jésus dans la barque, il est question d'un temple gardé par des sphinx. Le seul pays où un pareil détail ait été

particulière. De tous les peuples dont je viens de parler, ce sont les seuls qui mangent de la chair humaine. » Sur les anthropophages de la Scythie et du nord de l'Europe, voir Müllenhoff, *Deutsche Alterthumskunde*, t. II, p. 183.

intelligible pour tout le monde, c'est l'Égypte[1]. Or, depuis l'époque des Ptolémées, les navigateurs égyptiens ont été par excellence les rouliers des mers et, à une époque plus ancienne encore, les marins de Phénicie, au service des rois d'Égypte, ont dû introduire dans ce pays mille récits extraordinaires, comme, depuis Ulysse, aiment en raconter les navigateurs.

Je conclus donc que le fond de l'histoire d'André n'est qu'un conte de marin ayant fréquenté les parages de la mer Noire, où habitaient des tribus d'anthropophages, et que des histoires analogues, encore dépourvues de l'élément chrétien, ont dû circuler autour du port d'Alexandrie.

De tous les peuples qui adoptèrent le christianisme, les Égyptiens sont ceux qui possédaient les plus anciens recueils de contes mis par écrit; outre ceux qu'a recueillis Hérodote, nous en avons conservé un certain nombre, que M. Maspero a traduits et où l'on peut discerner beaucoup d'éléments des récits populaires qui n'ont cessé de se répandre à travers le monde. Quelques-uns

1. Je dois pourtant rappeler le texte d'Hérodote (IV, 79) sur le palais entouré de sphinx et de griffons qu'aurait fait construire le roi des Scythes Skylès. Souwaroff a prétendu découvrir une tête de sphinx sur le Kouban (Olenine, *Tour in Taurida*, Londres, 1802, p. 413); cf. Ritter, *Vorhalle*, p. 226.

sont sûrement antérieurs à l'an 1400 av. J.-C.

Mais ici se place une observation essentielle. Un des traits les plus curieux de l'histoire d'André et de Mathias, c'est celui de ces malheureux qu'un breuvage magique prive de leur raison et qui, transformés en brutes, restent pendant trente jours à manger de l'herbe jusqu'à ce qu'ils soient en état de servir aux repas des anthropophages. Mathias, lui, se garde de manger ce qu'on lui offre. Or, ce trait se rencontre aussi ailleurs : dans le troisième Voyage extraordinaire de Sindbad le marin, qui fait partie du recueil arabe des *Mille et une Nuits*[1].

Un naufrage jette Sindbad et ses compagnons dans une île peuplée de sauvages noirs et tout nus. « Sans dire un seul mot, raconte Sindbad, ils s'emparèrent de nous et nous firent pénétrer dans une grande salle où, sur un siège élevé, était assis un roi. Le roi nous ordonna de nous asseoir. On apporta des plateaux remplis de mets que de notre vie entière nous n'avions vus ailleurs. Leur vue n'excita guère mon appétit, contrairement à mes compagnons, qui en mangèrent gloutonnement. Quant à moi, mon abstention me sauva la vie. En effet, dès les premières bouchées, une fringale énorme

1. Trad. Mardrus, t. VI, p. 137. L'analogie a déjà été signalée par Gutschmid.

s'empara de mes compagnons et ils se mirent à avaler pendant des heures tout ce qu'on leur présentait, avec des gestes de fous et des reniflements extraordinaires. Pendant qu'ils étaient en cet état, les hommes noirs apportèrent un vase rempli d'une sorte de pommade dont ils leur enduisirent tout le corps et dont l'effet sur leur ventre fut extraordinaire; il se dilata dans tous les sens, jusqu'à devenir plus gros qu'une outre gonflée, et leur appétit augmenta en proportion. Je persistai à ne pas toucher aux mets et je refusai de me laisser enduire de pommade. Et vraiment ma sobriété fut salutaire, car je découvris que ces hommes étaient des mangeurs de chair humaine et qu'ils employaient ces divers moyens pour engraisser ceux qui tombaient entre leurs mains. Je constatai bientôt une diminution notable de l'intelligence de mes compagnons, au fur et à mesure que leur ventre grandissait. Ils finirent même par s'abrutir complètement à force de manger et, devenus absolument comme des bêtes d'abattoir, ils furent confiés à la garde d'un berger qui tous les jours les conduisait paître dans une prairie ».

Ainsi, le parallélisme, l'identité foncière des deux contes est incontestable : les victimes humaines sont réduites par leurs bourreaux à la condition de ruminants qui mangent de l'herbe. Une telle analogie ne peut être l'effet du hasard ; un même conte de navigateur a inspiré les épisodes correspondants dans les Actes de l'apôtre André et dans le troisième Voyage de Sindbad.

A en croire beaucoup de critiques, le fond des *Mille et une Nuits* serait d'origine indoue ; une école très nombreuse de folkloristes, depuis Benfey, cherche dans l'Inde le point de départ des contes populaires qui, disséminés dans les trois parties de l'ancien monde, révèlent à l'étude de si surprenantes analogies. C'est une opinion née à l'époque où la haute antiquité de la civilisation de l'Inde ne faisait doute pour personne, où beaucoup croyaient qu'elle était la source des races et des langues d'une partie de l'Asie et de l'Europe. Ce préjugé a survécu à la démonstration de l'opinion contraire, qui a été l'œuvre de ces trente dernières années. Mais quelque antiquité que l'on soit disposé aujourd'hui à accorder aux civilisations de l'Europe, il est certain que celle de l'Égypte est plus ancienne encore et que nous possédons des contes égyptiens bien antérieurs à ceux de l'Inde brahmanique. D'autre part, nous savons que l'Inde, jusqu'à une époque relativement récente, n'a eu ni marine, ni grand commerce, tandis que l'Égypte, à l'époque ptolémaïque et à l'époque romaine, envoyait en Inde des métaux, des vins, des objets fabriqués et en rapportait des produits du sol. Il est plus naturel d'attribuer la diffusion des contes aux pays commerçants qu'à ceux où le commerce d'exportation n'existe pas. Tout semble donc indiquer que l'Égypte est la patrie des contes, que les contes indiens sont d'origine égyptienne et qu'il en est de même du fond de ces contes arabes, si goûtés encore aujourd'hui, qui composent le recueil des *Mille et une Nuits*.

Ainsi, nous arrivons par deux voies différentes au même résultat. La légende d'André et de Mathias est égyptienne d'origine, parce qu'on y trouve des traits égyptiens ; elle l'est encore parce qu'elle a un élément commun avec un conte des *Mille et une Nuits*, qui paraît dériver d'un conte égyptien de navigateur.

Je pourrais compléter ma démonstration en vous montrant le rôle important qu'a joué l'Égypte dans la constitution du grand cycle de légendes qui entoure les premiers siècles du christianisme ; mais cela m'entraînerait beaucoup trop loin. Mon but essentiel a été de vous offrir un spécimen d'une littérature jadis très populaire, aujourd'hui fort oubliée, mais dont l'histoire des religions ne doit point faire fi. Si je vous ai inspiré le désir de lire quelques Actes apocryphes d'apôtres, soit dans l'édition grecque de MM. Lipsius et Bonnet, soit dans la traduction anglaise fort commode publiée par Walker à Édimbourg en 1890, je croirai que cette heure, prise sur votre temps et sur le mien, n'a pas été inutilement employée.

CONFÉRENCE DU 24 JANVIER 1904

LES PEINTURES PRÉHISTORIQUES DE LA CAVERNE D'ALTAMIRA (ESPAGNE)

PAR

M. ÉMILE CARTAILHAC
Correspondant de l'Institut

L'anthropologie et l'archéologie préhistorique étaient admirablement représentées à notre Exposition universelle de 1878. Ce fut pour beaucoup de visiteurs une révélation. Quelques-uns plus vivement intéressés résolurent de faire des recherches dans leur pays. Parmi eux M. Marcellino de Santuola se hâta d'explorer les cavernes des environs de Santillana, province de Santander et il y découvrit les vestiges de plusieurs stations humaines de l'âge de la pierre. La plus vaste, au lieu dit Altamira, fut aussi la plus riche et lui livra d'abondants débris de cuisine, coquilles marines comestibles et ossements d'animaux, des silex taillés, des os ouvragés. De plus M. de Santuola remarqua dans la première galerie et précisément sur la voûte au dessus du dépôt archéologique une vingtaine de figures en couleur, des animaux peints en noir et en rouge, de grandeur naturelle ou à peu près, parmi lesquels on distinguait des Bisons et un Cheval, représentés de profil et dans une grande variété d'attitudes. Quelques dessins d'un genre bien différent, plutôt géométriques et d'une signification inconnue, se voyaient sur les parois de la deuxième galerie. Il y en avait d'autres encore plus loin.

L'archéologue espagnol publia ces faits. Très prudent il n'affirmait pas la contemporanéité des peintures et du gisement de l'âge de la pierre. Il se contentait de poser la question.

Ne pouvant me rendre à l'appel de M. de Sautuola, je décidai à faire le voyage un confrère d'une compétence parfaite, auteur lui-même de belles découvertes paléontologiques. A Santander et à Santillane M. l'Ingénieur Édouard Harlé fut accueilli avec empressement et fit une enquête minutieuse. Le gisement, le contenu des foyers étaient des plus curieux. Il y avait là des reliques comparables à celles que les très anciens habitants de la Gaule ont laissées dans une foule de cavernes et notamment dans le Périgord et les Pyrénées. C'étaient des objets paléolithiques, semblables à ceux de notre âge du Renne. Toutefois cette espèce caractéristique faisait défaut à Altamira. Dans ses migrations annuelles ou séculaires elle n'avait pu probablement descendre jusque-là[1].

Quant aux dessins ils étaient bien tels que M. de Santuola nous l'avait dit, mais contre eux des objections sérieuses s'élevaient. Le jour n'arrive pas dans la salle au plafond peint. Aucune figure ne peut être aperçue et examinée sans le secours d'une lumière artificielle. Or on ne voit nulle part les taches noires qu'aurait occasionné l'éclairage fumeux des sauvages dessinateurs et de tous ceux qui auraient voulu admirer leur œuvre de longue haleine. Aujourd'hui le visiteur attentif et surveillant sa bougie évite mal de laisser de semblables traces. Le noir de fumée des épais foyers sous-jacents pétris de débris organiques carbonisés a disparu ; pourquoi les fresques auraient-elles conservé intactes toute leur fraîcheur? Les

1. Le Renne ne paraît pas avoir dépassé les environs de Bayonne d'un côté et de Perpignan de l'autre. Le mot *paléolithique*, employé ci-dessus, s'applique à l'ancien âge de la pierre. L'âge suivant est dit *néolithique*. Le paléolithique est antérieur à tous les animaux domestiques, à l'agriculture, à la poterie, aux constructions mégalithiques, etc.

incrustations calcaires qui recouvrent quelques parties sont beaucoup trop minces pour conclure à une grande antiquité. La valeur artistique remarquable de certaines images, les formes mêmes étranges et inexplicables de plusieurs animaux, des Aurochs[1] par exemple, et d'autres raisons, soigneusement énumérées par M. Harlé, ne semblaient pas permettre d'attribuer ces œuvres à l'ancien âge de la pierre... jusqu'à plus ample informé.

Je publiai ce rapport dans ma revue, les *Matériaux pour l'histoire de l'homme*, en 1881, et peu à peu, après quelques timides rappels des compatriotes de M. de Sautuola, le silence se fit sur les peintures de la grotte d'Altamira.

En avril 1895, M. Emile Rivière, bien connu par ses découvertes d'hommes « fossiles » à Menton et ses intéressantes publications, faisait exécuter des fouilles dans la grotte de La Mouthe, commune de Tayac-les-Eyzies (Dordogne). Elles dégagèrent par hasard l'entrée d'une galerie, inconnue de tous, par laquelle deux surveillants des travaux péné-

1. On donne le nom d'*Aurochs* au Bison d'Europe qui s'est éteint sur le territoire de la Gaule avant la période romaine, mais qui survit dans quelques forêts de la Lithuanie et du Caucase. Le Bison d'Europe est le frère de celui d'Amérique qui pullulait naguère et dont il ne reste plus qu'un troupeau aux Etats-Unis. L'*Aurochs* et l'*Urus*, malgré les analogies du nom, sont des espèces tout à fait distinctes.

trèrent en rampant jusqu'à une distance de plus de 200 mètres, et là, les premiers ils aperçurent quelques dessins gravés sur les parois. M. Rivière ayant constaté le fait fit déblayer la galerie. Il constata que la grotte après avoir été occupée par la Hyène et le Grand Ours avait été fréquentée par l'Homme paléolithique; on recueillit ses débris de cuisine, ses silex taillés d'un type franchement archaïque, ses ustensiles et ses parures en os. Plus tard M. Rivière trouva même une lampe fort curieuse ornée sur le fond d'une silhouette de bouquetin au trait. Les dessins gravés sur les parois et les voûtes de la galerie, à 128 mètres de l'entrée et au delà et qui représentent des animaux se prolongent parfois sous des couches de stalagmites et aussi sous l'argile rouge constituant le sol. Dès ses premières observations, M. Rivière put affirmer que les gravures étaient anciennes et contemporaines de la faune quaternaire. Il voulut bien faire appel à mon témoignage et comme toutes les personnes qui furent également admises à voir ces découvertes, je dus reconnaître sans hésiter qu'il ne se trompait pas. Les recherches ont continué; M. Rivière a dégagé une longue suite de la galerie, on ne cesse pas de trouver de nouvelles figures. Ce sont des bovidés, parmi lesquels l'Aurochs; des équidés variés, l'Hémione peut-être; un Renne admirable; des Antilopes, un Bouquetin, un Éléphant. La faune est donc bien caractéristique, c'est celle des foyers mêmes de la caverne. Ce sont des croquis au trait plus ou moins profondément gravés dans la roche tendre et quelquefois suivis par une ligne de rouge brun. Il y a un singulier dessin en bandes rouges, on dirait une hutte. La surface de plusieurs de ces images est couverte d'une sorte de striage léger et peut-être d'un peu de couleur. Elles ont en général 1 mètre de long, une exceptionnellement a $1^{m},88$. Le visiteur a le sentiment très net qu'il contemple une ornementation voulue de la grotte.

Il faut bien se rendre à l'évidence! Aucune lumière du jour ne pouvait pénétrer à ces grandes profondeurs. On ne voit nulle part de trace de fumée. Les traits ont en général un air de fraîcheur qui déconcerte. On les dirait d'hier. Mais des épaisseurs notables de stalagmite les recouvrent par places. De plus la technique, le style des gravures sont ceux de toutes les gravures sur os que, depuis 1864, on est habitué à rencontrer dans les stations paléolithiques, de l'Angleterre aux Alpes et de la Belgique aux Pyrénées. Finalement les conclusions de M. Rivière s'imposaient et l'un des savants qui ont le plus contribué aux progrès de l'archéologie préhistorique, M. Édouard Piette émit le premier la pensée qu'il y avait lieu de revoir la grotte espagnole d'Altamira.

Quelques jours après, instruit par les faits de la Mouthe, un autre de nos confrères, M. Fr. Daleau, explorateur patient et habile d'une importante grotte dite de Pair-non-Pair, commune de Marcamps (Gironde), étudiait les grandes raies entrecroisées qu'offraient les parois enfin dégagées d'un haut remblai riche en os et en silex ouvrés. Il discernait à son tour des silhouettes d'animaux. Une d'elles avait des traces de rouge. Les observations concordaient pour faire attribuer ces œuvres d'art sans aucun doute à un niveau paléolithique assez ancien, au début de ce que nous appelons l'âge du renne. La Mouthe et Pair-non-Pair se prêtaient ainsi un mutuel appui.

Plusieurs années s'écoulent sans qu'aucun de nous ait pu se rendre à Altamira.

Mais en 1901 la question des cavernes ornées va faire un pas décisif. Le 16 septembre MM. le Dr L. Capitan et l'abbé H. Breuil présentaient à l'Institut, Académie des sciences, une note sur la grotte des Combarelles, commune de Tayac (Dordogne) avec parois gravées. Les mêmes auteurs, huit jours après, informaient encore l'Institut que dans la même région classique des Eyzies une autre grotte, au lieu dit Font de Gaumes, était couverte de figures *peintes* à l'époque paléolithique.

Les Combarelles sont un boyau d'une longueur totale de 225 mètres. A 119 mètres de l'entrée commencent les premières figures nettes, et des deux côtés la bande continue jusqu'au bout. Bon nombre sont recouvertes d'un enduit stalagmitique; on voit souvent le trait sortir de dessous la stalagmite, il est alors d'une fraîcheur étonnante. Elles ont de $0^m,20$ à 1 mètre de long, les unes bien distinctes, les autres entremêlées. Les poils des animaux sont représentés par une sorte de grattage. Sur quelques images les traits sont rehaussés d'une bande de peinture noire. Mieux encore qu'à La Mouthe et à Pair-non-Pair elles rappellent exactement les gravures sur os, ivoire ou pierre de l'âge du Renne. Ce sont d'ailleurs les animaux de cette période. Il n'y a pas moins de quatorze représentations certaines du Mammouth, cet éléphant d'espèce éteinte qu'on a trouvé en chair avec sa toison épaisse et longue dans les terres de la Sibérie glacées éternellement et dont les défenses recourbées et les molaires ne sont pas rares dans les alluvions anciennes, quaternaires des vallées de l'Europe. Les chevaux sont nombreux. MM. Capitan et Breuil marquent avec sûreté l'époque. C'est un niveau ancien du paléolithique comme à Pair-non-Pair.

Plus étonnante est la découverte de Font-de-Gaumes due à M. Peyrony, l'instituteur des Eyzies. La grotte s'ouvre dans le flanc d'une haute falaise et l'on y accède par des éboulis et en suivant une étroite corniche dominant la vallée. Après une entrée grandiose on suit une étroite galerie. A 65 mètres les parois se rapprochent, il faut franchir tout en grimpant un peu un pas difficile. On débouche dans une longue salle de 40 mètres de long sur une largeur de 2 ou 3 mètres et une hauteur de 5 à 6 mètres. C'est elle qu'ornent d'une façon extraordinaire des gravures et surtout des peintures exécutées à l'ocre rouge et au noir de manganèse. Il y a là de véritables fresques. Les images d'animaux, une cinquantaine d'Aurochs, un Renne, un Cerf, des Chevaux, des Antilopes, des Mammouths, d'autres encore indéterminées sont peintes. Mais la gravure est associée à la peinture. Quelques figures sont en partie peintes, en partie gravées, d'autres fois seulement gravées comme aux Combarelles. Un emploi judicieux du noir et du brun a donné aux fonds rouges un modelé surprenant, tantôt vrai, d'après nature, tantôt bizarre. Les teintes sont souvent nuancées. Ailleurs ce sont des touches vigoureuses et linéaires sur un fond uni; des grattages de la roche, qui est jaune, interviennent çà et là.

Toutes ces œuvres sont souvent, ici et là, légèrement voilées par une mince couche transparente de stalagmite, beaucoup se perdent sous d'épais rideaux de draperie calcaire.

Aux Combarelles et à Font de Gaumes MM. Capitan et Breuil ont signalé des signes particuliers, accouplés et répétés, ce qui paraît prouver qu'on leur donnait un sens compris de tous ou des initiés. Nos confrères les appellent *tectiformes* et de fait on consent volontiers à voir en eux comme des esquisses de huttes.

Ces constatations en provoquent de nouvelles. Dès 1893 M. Léopold Chiron, instituteur à Saint-Just l'Ardèche avait publié la description de la grotte de Chabot à Aiguèse (Gard), où sur les rochers qui dominent la station humaine, les foyers paléolithiques, il distinguait des traits gravés enchevêtrés. En avril 1899 M. Lombard Dumas, de Sommières, heureusement inspiré y reconnaissait deux vagues profils de Mammouth. En 1901,

M. le docteur Capitan se joignait à eux, confirmait leur hypothèse et voyait à son tour d'autres croquis.

En 1885 M. l'abbé Cau Durban, aujourd'hui curé à Lavelanet, avait exploré la grotte de Marsoulas, dans les petites Pyrénées de la Haute-Garonne, et avait exhumé les nombreux vestiges d'une station de l'âge du Renne, période ancienne. Plus tard, M. Félix Regnault, de Toulouse, revoyant le terrain en vue de fouilles nouvelles, remarqua sur une paroi des dessins, un semis de points rouges, des lignes rouges barbelées, deux grands animaux bruns et noirs.

Ce fut seulement après avoir eu connaissance de tous les faits énumérés ci-dessus que je me rendis à Marsoulas. A peine entré dans la grotte je reconnus que les dessins entrevus par M. Regnault n'étaient qu'une partie de la décoration du rocher, qu'il y avait d'autres peintures à la suite dans la galerie étroite où je ne pouvais passer qu'en rampant et que les gravures abondaient partout. Je pus annoncer que ces œuvres sont semblables à celles des grottes du Gard, de la Gironde et de la Dordogne. Quelques jours après M. l'abbé Breuil voulait bien se joindre à moi pour l'étude de cette station et ses yeux exercés augmentèrent la série des constatations d'un haut intérêt.

Le mois suivant, enchanté des heureux résultats de cette collaboration je partais avec M. l'abbé Breuil pour l'Espagne, Santander et Santillana.

Je n'avais pas attendu jusque-là pour modifier mon opinion première sur les peintures d'Altamira et j'avais nettement avoué que notre scepticisme d'il y a vingt ans n'était plus justifié. A la lumière de nombreux faits nouveaux la réhabilitation de la découverte de M. de Santuola s'était imposée. Mais une étude plus attentive, moins superficielle était évidemment nécessaire. Nous avons eu la bonne fortune de l'accomplir grâce à l'accueil excellent que nous ont réservé les Espagnols, aux facilités qu'ils nous ont procurées à l'envi.

En fait nous avons consacré à la grotte d'Altamira un grand mois de travail assidu en 1902. M. l'abbé Breuil y est revenu en 1903. Maintenant nous sommes en mesure de publier l'ensemble si considérable des découvertes de M. Santuola et les nôtres.

La région est à trois ou quatre kilomètres de la mer, qui s'aperçoit d'Altamira entre les collines. Elle appartient au calcaire crétacé. Son aspect révèle une grande circulation souterraine des eaux, et sur des points très nombreux le sol a des effondrements circulaires. La grotte est entourée de semblables dépressions qui révèlent des grottes écroulées. Elle-même est le type parfait de cet accident : on marche dans plusieurs galeries sur un plafond tombé dont les grandes plaques polygonales sont encore contiguës, tandis qu'une assise formant voûte est craquelée et soutenue sur de vastes largeurs par de simples pressions latérales. La ruine sur quelques points, est imminente et la circulation devient de jour en jour plus dangereuse pour les visiteurs.

Une série d'amples éboulements a ainsi ouvert la première partie de la caverne actuelle sur une longueur de 250 mètres. Plus loin, et suivant les dislocations préalables de la roche, existent des galeries étroites et surbaissées dues à l'action des courants. L'une d'elles a 50 mètres de long.

Les traces d'habitation préhistorique sont considérables et localisées à l'entrée. Là aussi sont accumulées les peintures et les gravures, presque exclusivement d'abord sur le plafond et assez loin déjà de la lumière du jour. On les retrouve jusqu'au fond. Leur distribution est très inégale et singulièrement mystérieuse. De nombreux petits signes noirs, formés de points et de traits, un peu comme des caractères chinois ou cunéiformes, mais sans qu'il y en ait deux pareils, se voient uniquement dans les galeries profondes disséminés sans aucun ordre, sans signification appréciable. En noir également sont cinq figures compliquées, juxtaposées dans un recoin du boyau terminal; elles ont quelque analogie avec de longs boucliers australiens ou autres décorés de dessins linéaires variés.

Une étroite ramification de la grande galerie est très spécialement marquée au plafond de signes noirs et sur les côtés de longues bandes rouges en forme d'échelle.

De nombreux animaux s'observent un peu partout : les uns figurés en noir, en général de petite dimension (0m,40, 0m,80 etc.), souvent indiqués par un simple contour. Les autres en pointillé rouge ou bien en teintes plates, tracés avec plus d'ampleur, spéciaux à la salle d'entrée de gauche. Ces deux catégories sont parfois entamées par des gravures au trait qui se rencontrent isolément sur toute l'étendue de la caverne.

Dans la première salle, sur ces images et par conséquent plus récentes, d'autres peintures ont été établies qui ont une valeur bien supérieure. L'exactitude des proportions, la rigueur des lignes laissent peu à désirer. Cette perfection du dessin est bien secondée par une technique perfectionnée, par l'utilisation de toutes les teintes et des effets qui peuvent résulter du mélange et de la juxtaposition du noir et du rouge. Les attaches des membres où les membres eux-mêmes se détachent en relief brusque grâce à des bandes claires obtenues par le lavage habile de la couleur. Une légère gravure, préalable en général, ou de simples raclages dessinent ordinairement l'esquisse de l'animal représenté. Les traits des pieds, des yeux, des narines, des cornes sont plus accentués. Certaines parties ou particularités ne sont parfois que gravées.

Ces grandes images (long., 1m,25 à 2m,20) sont plus ou moins juxtaposées dans tous les sens sur un plafond de 40 mètres de long sur 10 mètres de large.

Mais souvent les reliefs naturels de la pierre, ses mamelons quelquefois volumineux ont déterminé le choix de la place et de la direction du corps de telle sorte que tout ou partie de l'animal se présente avec l'apparence d'une sculpture coloriée. Les animaux sont représentés debout, courant ou au repos, couchés ou accroupis; ceux-ci ont des attitudes à la fois exactes et des plus singulières.

Dans les peintures on note des bovidés, en majorité des Bisons, puis des Sangliers, des Chevaux, une biche. Dans les gravures les têtes de biche dominent, nous avons en moins le Sanglier et en plus un très beau Cerf à ramure très développée, ainsi que des Chèvres.

De fort curieux grands signes rouges sont multipliés auprès des animaux du plafond en question dont une large partie paraît avoir été réservée pour eux. Il est difficile de leur refuser un sens déterminé. Ils reviennent fréquemment toujours les mêmes et forment des groupes.

D'autres signes, mais gravés, forment une catégorie spéciale : on dirait des huttes en branchages. Plus de vingt sont disséminées dans la même salle. Dans leur voisinage sont quelques silhouettes humaines gravées d'un trait léger, vaguement esquissées, sans art, mais remarquables par certains détails que l'ethnographie comparée expliquerait peut-être, et surtout par le geste des bras qui rappelle l'attitude des suppliants.

En comparant les têtes, on peut noter que dans la plupart le visage humain disparaît comme s'il était remplacé par un masque à museau bestial. En les examinant on ne peut que songer à ces déguisements si fréquents chez les primitifs ayant survécu jusqu'à nos jours, par exemple chez les Peaux-Rouges qui en faisaient usage dans leurs cérémonies religieuses.

Toutes ces gravures et peintures représentent un travail considérable, il est incontestable qu'elles n'appartiennent pas au même moment. J'ai dit que celles-ci ont été largement refaites et superposées, et qu'il y a progrès entre les premières et les secondes. Comparées à celles de Marsoulas et de Pont-de-Gaumes elles sont bien du même art, du même style mais elles témoignent d'une réelle supériorité. Elles supposent une évolution de l'art, une culture ancienne, des traditions bien établies, des études approfondies.

Toutes les grottes maintenant connues (et il faut en ajouter plusieurs dans la Dordogne, l'une à Bernifal, avec gravures de Mammouth, de Bisons, d'Antilope, d'Équidé et avec signes tectiformes, l'autre à Teyjat, avec gravures analogues, une troisième dans l'Ariège au Mas d'Azil, avec des gravures trop altérées) se prêtent un mutuel appui. Nous n'avons pas à Altamira ou à Marsoulas comme à Font-de-Gaumes de puissantes stalagmites qui attestent l'antiquité des œuvres sans cependant la préciser. Nous n'avons pas comme à Pont-de-Gaumes, aux Combarelles, à Aigueze, à Bernifal l'image du Mammouth fixant d'une façon certaine cette antiquité. Mais les traits communs des œuvres suffisent à les rapprocher.

Enfin l'étude des stations humaines qu'elles avoisinent, nous permet aussi d'aboutir à une conclusion ferme :

Les peintures de la grotte d'Altamira, comme les autres, appartiennent à l'âge de la pierre, à la première période de cet âge, aux hommes paléolithiques. On peut même assurer qu'elles correspondent à une phase particulièrement intéressante des temps quaternaires, lorsque pullulaient dans les campagnes de l'Europe occidentale les troupeaux d'Éléphants, d'Aurochs, de Chevaux et quantité d'herbivores.

C'est une époque fort reculée. La Grande-Bretagne n'était pas encore séparée du continent et le sol avait partout, même dans les vallées du Nil ou de l'Euphrate, un aspect différent à maints points de vue esssentiels de celui d'aujourd'hui. Depuis lors le climat a changé plusieurs fois, produisant une évolution de la faune, l'extinction des anciennes espèces, l'émigration des autres et l'arrivée ou le développement de groupes nouveaux.

La période des précipitations atmosphériques abondantes si favorables au développement des glaciers et des fleuves, de la flore et des herbivores est suivie par les froids rigoureux et secs qui mettent notre Europe au régime des steppes désolées de l'Asie. La température devient ensuite tempérée, plus humide, nos sources, nos eaux tranquilles donnent naissance à toutes les tourbières où les essences lentement se succèdent. Le néolithique règne après le paléolithique. Des industries nouvelles une fois de plus traversent notre continent. L'homme a domestiqué le Chien, le Bœuf, le Mouton, la Chèvre, le Cochon, le Cheval, inventé la poterie, créé l'agriculture. C'est d'un néolithique déjà vieux que nous voyons sortir les très vieilles civilisations de l'Égypte ou de la Chaldée. Les peintures du Périgord, des Pyrénées, de France ou d'Espagne antérieures à tous ces événements, sont donc bien les œuvres d'art les plus anciennes du monde.

D'autre part nous voyons s'accumuler dans nos collections depuis quarante ans des objets du mobilier, de l'outillage, de la parure des hommes paléolithiques ornés aussi avec beaucoup de goût et de talent. On admire ces os, ces pierres gravées qui représentent parfaitement caractérisés bon nombre d'animaux contemporains des artistes primitifs. L'allure des espèces est rendue avec une étonnante habileté et un réel sentiment de la nature vivante : tantôt ce sont des sculptures, tantôt des gravures au trait plus ou moins achevées. Il est démontré que cette série ornementale procède du même style, des mêmes procédés que la série de nos gravures rupestres. Mais une autre analogie rapproche les deux groupes : il y a un choix systématique et restreint des animaux. On n'a figuré, sauf par grande exception, que des espèces comestibles.

M. Salomon Reinach[1] qui a appelé sur ce fait l'attention du monde savant pense que pour les troglodytes chasseurs et pêcheurs, c'étaient des animaux désirables. Pour lui « l'objet des artistes a été d'exercer une attraction magique sur les animaux de même espèce. Les indigènes de l'Australie centrale peignent aussi, sur les rochers ou sur le sol, des figures d'animaux, dans le but avoué d'en favoriser la multiplication. On ne représente pas des carnassiers, par la même raison qui, dans certaines campagnes, fait qu'on évite de prononcer le nom du loup. Les objets gravés et sculptés que l'on a recueillis dans les cavernes de l'époque du Renne offrent un caractère analogue ; ce ne sont pas les amusements de chasseurs oisifs, mais les talismans de chasseurs qui craignent de manquer de gibier. A cette phase très ancienne de l'évo-

1. *C. r. Acad. des sc.* Paris, séance du 22 juin 1903.

lution humaine, la religion (au sens moderne de ce mot) n'existe pas encore; mais la magie joue un rôle considérable et s'associe à toutes les formes de l'activité. »

Plus récemment notre confrère est revenu sur cette question[1]. Il insiste : « Le seul espoir que nous ayons de savoir pourquoi les troglodytes ont peint et sculpté, c'est de poser la même question aux primitifs actuels dont la condition nous est révélée par l'ethnographie. Beaucoup ne répondront pas, ayant eux-mêmes perdu avec les siècles, l'explication de leurs actes continués par tradition inconsciente, quelques-uns feront des réponses plus précises et fourniront des idées d'accord avec certaines autres d'ordre général qui sont communes à tout l'ensemble de l'humanité. De ces idées une des plus répandues est celle-ci : l'image d'un être ou d'un objet donne une prise sur cet objet ou sur cet être; l'auteur ou le possesseur d'une image peut influencer ce qu'elle représente. Il s'agit, bien entendu, d'une prise ou d'une influence d'ordre magique. »

M. S. Reinach, ces principes posés, passe en revue des faits très intéressants de cet ordre constatés

1. L'art et la magie à propos des peintures et des gravures de l'âge du Renne. *L'Anthropologie*, 1903, p. 257.

en Australie et il montre comment toutes nos gravures et peintures pourraient avoir eu le même usage.

C'est là une très séduisante hypothèse, à laquelle était arrivé de son côté M. le Dr Hamy. J'étais dans la grotte d'Altamira lorsque je reçus un mot de lui m'accusant réception de mes dernières nouvelles. Il m'apprenait qu'un savant ethnographe venait de constater à Chasm Island, dans le golfe de Carpentaria, Australie, l'existence de cavernes où se trouvent des dessins exécutés sur un fond d'ocre rouge et d'autres tracés en esquisse sur la surface rocheuse. Plusieurs des cavernes sont d'une élévation si limitée que les dessins peints sur les toits doivent avoir été exécutés par leurs auteurs couchés sur leur dos. Les animaux figurés sont tous ceux que mangent les noirs. Le Dr Hamy était frappé de voir que nous retrouvions les mêmes manifestations intellectuelles, les mêmes dispositions matérielles aux antipodes. « Ce n'était évidemment pas dans un but décoratif que nos artistes primitifs s'imposaient un tel labeur dans une obscurité profonde. Et je ne puis me défendre de voir dans ces singulières pratiques... la manifestation de quelque croyance analogue à celles de certains peuples actuels, demi-civilisés ou sauvages. Je suppose que si nos troglodytes ont ainsi peint ou gravé ces singulières images d'animaux, c'est avec l'assurance que celui qui les a tracées a acquis par là même sur leurs espèces une influence analogue à celle que possède le Blanc devenu le maître de l'Indien dont il a pu faire le portrait... Le troglodyte pour s'assurer plus complètement encore cette espèce de propriété morale qu'il se figurait avoir conquise, enfermait les précieuses figures au fond des grottes dont sa demeure occupe constamment le vestibule[1] ».

On voit quelle importance prennent en ethnographie et même dans l'histoire de la philosophie nos Cavernes ornées préhistoriques. Des antres ténébreux sont un nouveau chapitre de l'histoire des religions, et c'est ainsi que cette conférence est bien à sa place au Musée Guimet.

Ce n'est pas, comme on l'a dit à tort, le début de l'art que nous découvrons. L'art de l'âge du renne est beaucoup trop ancien pour qu'il y ait un lien quelconque entre lui et l'art qui se manifeste diversement parmi nous. S'il eut quelque suite elle

1. Quelques observations au sujet des gravures et des peintures de la grotte de Font-de-Gaumes (Dordogne). *C. r. Acad. Insc.*, 1903, 130.

n'est nullement dans le monde néolithique de l'Europe. On pourra peut-être la chercher loin de notre sol, du côté des Eskimos qui vivent dans l'extrême Nord et naguère encore étaient à l'abri de notre civilisation. Mais en comparant nos ancêtres aux primitifs actuels tels que les Eskimos ou les Autraliens, nous ne devons pas perdre de vue que les conditions de la vie, pour les uns et les autres, sont bien différentes et que dès lors il y avait certainement des mœurs tout autres. Les contemporains du Mammouth, de l'Aurochs, et même du Renne dans un climat longtemps moins froid qu'on ne le pense, dans un beau pays aux vastes horizons accessibles, traversé par de larges cours d'eaux, peuplé dans de florissantes prairies et des forêts illimitées par une faune extrêmement abondante et variée, nos ancêtres avaient un bien-être incontestable. Ils étaient absolument des privilégiés, tandis que les peuplades de la stérile Australie ou des régions polaires glaciales étaient ou sont encore aux prises avec les dures exigences d'une vie lamentable. Nous savons que par la gravure, par la sculpture, par la peinture même, obtenues à l'aide d'un outillage rudimentaire, nos troglodytes s'élevaient au-dessus de tous les primitifs rencontrés sur la terre par nos voyageurs et nos ethnographes. Leur génie se manifeste par quelques vestiges qui font soupçonner l'importance de tout ce qui est à jamais perdu. L'imagination a beau se joindre à la science la plus érudite nous ne pouvons vraiment distinguer que peu de choses dans cet obscur passé.

CONFÉRENCE DU 7 FÉVRIER 1904[1]

LA SORCELLERIE

ET LES SORCIERS CHEZ LES ROMAINS

PAR

M. R. CAGNAT
Membre de l'Institut.

Tous les peuples, tous les siècles ont connu la sorcellerie. En vain, dans l'évolution des croyances, les religions ont changé ; en vain les dieux les plus fameux ont été détrônés pour faire place à de nouvelles déités; en vain la philosophie a tenté

1. Les livres ou articles d'ensemble plus particulièrement consultés en vue de cette conférence sont les suivants : Maury, *La magie et l'astrologie chez les Grecs et chez les Romains* Marquardt, *Le Culte chez les Romains*, I, p. 127 et suiv ; Hubert, dans le *Dictionnaire des Antiquités grecques et romaines* de M. Saglio, s. v. *Magia* ; Ric. Heim, *Incantamenta magica graeca latina*, Leipzig, 1892, in-8°.

d'épurer les idées, de combattre l'ignorance, de substituer la sagesse à l'irréflexion et à l'absurdité : les sorciers ont été plus puissants que les prêtres ou les philosophes ; leur art a toujours eu des adeptes parce qu'il flatte deux besoins impérieux de la faiblesse humaine, la croyance instinctive au surnaturel et le désir d'assouvir à tout prix ses passions.

Aussi bien les pratiques magiques remontent-elles à l'antiquité la plus reculée. « Les sciences physiques, a écrit M. Maury, n'étaient à l'origine qu'un amas de superstitions et de procédés empiriques qui constituaient ce que nous appelons la magie. L'homme avait si bien conscience de l'empire qu'il était appelé à exercer sur les forces de la nature que, dès qu'il se mit en rapport avec elles, ce fut pour essayer de les assujettir à sa volonté. Mais, au lieu d'étudier les phénomènes afin d'en savoir les lois et de les appliquer à ses besoins, il s'imagina pouvoir, à l'aide de pratiques particulières et de formules sacramentelles contraindre les agents physiques d'obéir à ses désirs et à ses projets. Tel est le caractère fondamental de la magie. Cette science avait pour but d'enchaîner à l'homme les forces de la nature et de mettre en notre pouvoir l'œuvre de Dieu. Une pareille prétention tenait à la notion que l'antiquité s'était faite des phénomènes de l'univers. Elle ne se le représentait pas comme la conséquence de lois immuables et nécessaires, toujours actives et toujours calculables; elle les faisait dépendre de la volonté arbitraire et mobile d'esprits ou de divinités dont elle substituait l'action à celle des agents mêmes. Dès lors, pour soumettre la nature, il fallait arriver à contraindre ces divinités ou ces esprits à l'accomplissement de ses vœux. Ce que la religion croyait pouvoir obtenir par des supplications et des prières, la magie tentait de le faire par des charmes, des formules, des conjurations. Le dieu tombait sous l'empire du magicien; il devenait son esclave et, maître de ses secrets, l'enchanteur pouvait à son gré bouleverser l'univers et en contrarier les lois. »

Les Romains n'ont pas échappé à la règle générale; ils ont connu les magiciens et les sorcières; ils avaient recours à leur assistance aux beaux temps de la République, comme aux derniers jours de l'Empire; grands ou petits, citadins ou campagnards, provinciaux ou habitants de la ville éternelle, nul n'était au dessus de cette faiblesse.

Aussi loin qu'on remonte dans l'histoire des croyances romaines, on rencontre des pratiques magiques. Les gens les plus cultivés de ces âges reculés étaient fermement persuadés que les personnes, particulièrement les êtres faibles, comme les enfants, les terres, les animaux, pouvaient être ensorcelés par des paroles ou par des gestes. Les uns voulaient connaître ces gestes ou ces paroles pour pouvoir nuire à leur voisin, si tel était leur intérêt; les autres trouvaient nécessaire de ne pas les ignorer pour pouvoir, au cas où ils auraient à souffrir de quelque maléfice, en détourner les effets. Et cela est conforme à l'origine même de la religion romaine qui était ce qu'on a appelé l'animisme, c'est-à-dire le morcellement infini des forces de la nature, forces dont on ne pouvait triompher, que l'on ne pouvait diriger que par des incantations et des sortilèges. Toutes ces divinités, dont nous parlent les vieux auteurs, qui présidaient aux différents actes de la vie et de l'activité humaine : celles qui avaient empire sur les hommes, comme *Cunina*, la fée du berceau, ou *Stativa*, la fée qui dresse l'enfant ferme sur ses jambes; ou celles qui veillaient aux choses de la campagne, *Segetia*, qui fait croître les moissons, *Mellonia*, qui protège les abeilles et *Bubona*, la patronne des bœufs, sont de ces puissances qui ont toujours été, sous un nom ou sous un autre, visées par les enchanteurs. De là, chez les anciens Romains, les amulettes pendues au cou des enfants et des animaux dans des boules creuses ou dans des sachets; de là les clous enfoncés à l'endroit où était tombé un épileptique pour le guérir de son mal; de là les charmes qui détournent la grêle ou qui rendent stérile le champ voisin. Les choses étaient même, paraît-il, poussées à un tel point que le législateur dut intervenir. Les lois des XII tables avaient édicté des peines contre les auteurs de maléfices. Naturellement ces défenses restèrent sans effet sur les croyances, parce que ce sont questions sur lesquelles on ne saurait utilement légiférer. Avant comme après, on continua à recourir aux sortilèges et aux procédés de la magie.

Ce fut bien pis encore vers la fin de la République et sous l'Empire quand Rome eut été envahie par les démons de l'Orient et par leurs dévots. L'ancienne magie italique s'enrichit, se complique des apports de la magie perse, de la magie juive, de la magie égyptienne. A côté et au lieu des noms sacrés qu'on invoquait auparavant, on s'adressa, dès lors, au dieu des Hébreux sous ses nombreux vocables : Iaô, Sabaoth, Abriaô, Adonaï; on invoqua Jacob, Abraham, Moïse, Salomon, les archanges; ou encore Isis, Osiris et le dieu à tête d'âne Typhon-Seth. Les sorciers de l'Occident se mirent à l'école de leurs confrères de Chaldée, d'Asie Mineure ou de Thessalie ; les femmes donnèrent avec fureur dans les pratiques occultes — et non point seulement les femmes du vulgaire mais celles de l'aristocratie ; les hommes, les empereurs eux-mêmes s'y laissèrent aussi gagner. D'un bout à l'autre du monde la religion la plus honorée fut celle qui avait pour ministres les magiciens et les sorcières.

C'est dans cette religion que je voudrais vous faire pénétrer quelques instants.

Et d'abord, qui étaient ces sorcières et ces magiciens ? Nous connaissons surtout les sorcières par des poètes, Horace, Ovide, Tibulle, qui avaient eu, disaient-ils, à souffrir de leur intervention et dont elles avaient contrarié les amours. Il n'est pas étonnant qu'ils nous les peignent sous des couleurs assez peu flatteuses : c'est leur vengeance.

Pour eux, donc, elles ont tous les défauts. Physiquement, elles sont repoussantes : leur vieillesse, leur saleté, leur laideur en font des êtres à part ; leurs dents sont fausses, leurs cheveux aussi ; elles aiment le vin plus que de raison ; elles se prêtent à tous les métiers, pourvu qu'on les paie.

Horace nous parle de plusieurs d'entre elles :

Sagana, Veia, Folia et surtout sa grande ennemie qu'il désigne sous le nom de Canidia et qui, paraît-il, s'appelait Gratidia. Il nous la montre, elle et Sagana, errant à Rome, dans les nécropoles de l'Esquilin, pendant la nuit, pour ramasser des ossements et des plantes vénéneuses poussées au milieu des tombeaux. Vêtues d'une robe noire, les cheveux épars, elles glissent en hurlant dans les ténèbres; leurs faces blêmes sont effrayantes; elles évoquent au milieu du silence Hécate et Tisiphone; autour d'elles rôdent les serpents et les chiens infernaux, si bien que la lune sanglante, pour ne pas voir ces impiétés, disparaît derrière les grands sépulcres. Tout d'un coup un bruit insolite vient les effrayer; et les voilà qui s'enfuient à toutes jambes à travers le cimetière semant sur leur route, l'une ses dents, l'autre sa perruque, les herbes qu'elles avaient cueillies et tout l'appareil de leur profession.

Ovide, de son côté, nous conduit chez une autre, dans quelque réduit sombre caché au fond d'un quartier populeux de la capitale. La femme se nomme Dipsas, « la vipère »; et elle mérite bien son nom, dit le poète. Elle n'a jamais vu, ajoute-t-il, la mère de Memnon, c'est-à-dire l'Aurore, sans être grise. Sa chambre est le rendez-vous des femmes de vertu facile, au milieu desquelles elle pontifie.

« Elle fait un sacrifice, raconte le poète, à la déesse du silence — ce qui ne veut pas dire qu'elle soit silencieuse. Des trois doigts de la main elle prend trois grains d'encens et les glisse sous le seuil à l'endroit où une souris s'était creusé un passage secret. Puis, murmurant des incantations, elle attache avec un plomb aux sombres reflets des bandelettes magiques et tourne dans sa bouche sept fèves noires. Alors elle brûle sur le feu une tête d'anchois qu'elle a enduite de poix et percée d'une épingle. Elle verse aussi du vin à terre; ce qui reste dans le vase, elle le boit, elle ou ses compagnes, mais surtout elle. Ainsi soit clouée, s'écrie-t-elle, la langue de nos ennemis. Et elle sort en titubant ».

C'est bien là le type classique de la sorcière; telles nous nous figurons les sorcières de Macbeth ou celles qui tiennent leurs assises dans la Nuit de Walpurgis.

Naturellement ce n'est pas par amour de l'art qu'elles opèrent; il faut les payer. Parfois elles se contentent de peu. « Il y a, ma chère, dit une héroïne de Lucien, une excellente magicienne, Syrienne de naissance, robuste et vigoureuse, qui m'a jadis raccommodée avec Phanias, lequel, ainsi que ton Charinus, s'était brouillé avec moi pour une vétille. Après quatre mois entiers elle l'a ramené auprès de moi par ses enchantements... Elle ne prend pas cher; elle demande seulement une drachme et un pain. Il faut cependant apporter encore du sel, sept oboles, du soufre et un flambeau. La vieille les prend. On verse aussi du vin dans un vase et c'est elle qui le boit. Il faudra encore que tu te procures quelque chose qui ait appartenu à ton amant : des habits, des chaussures, quelques cheveux ou autres objets analogues. Elle les suspendra à un pieu, brûlera du soufre dessous, répandra du sel sur le brasier, en prononçant vos deux noms, le tien et celui de Charinus; puis, tirant une toupie de son sein, elle la fera tourner et récitera son enchantement, composé de plusieurs mots barbares qui font frémir. Voilà, du moins, ce qu'elle a fait pour moi. »

L'obole valant à peu près 0 fr. 15 et la drachme, 0 fr. 95, cette femme se chargeait pour la modeste somme de 2 francs et quelques menues provisions de rétablir la paix dans les unions troublées.

Mais il y avait aussi des opérations plus dispendieuses et des opérateurs moins réservés. Un autre personnage de Lucien eut affaire à un jeune homme qui venait justement d'entrer en possession de son patrimoine. Quelle aubaine! quelle occasion! un être riche, amoureux et prêt à tous les sacrifices pour triompher des froideurs de sa belle! Il dut payer 4 mines (370 francs) avant la cérémonie et 16 mines (1480 francs) après. C'est ce qui s'appelait, dans l'argot du métier, « tondre les gens gras ». A un pareil taux, il faisait bon d'être sorcier.

Il est à remarquer, du reste, que si, au début de l'Empire, les sorcières, entremetteuses et empoisonneuses, étaient fort à la mode, surtout auprès du peuple — et il est certain qu'elles le demeurèrent encore dans la suite — le second siècle vit éclore un genre nouveau de magiciens, beaucoup plus relevé : thaumaturges issus de l'Orient qui, par une mise en scène habilement préparée, surent se concilier la faveur des gens distingués. Le type en est l'Alexandre d'Abonotichos de Lucien, le Cagliostro de l'époque : « Sa taille était haute, sa physionomie belle, avec quelque chose de divin ; il avait le teint blanc et le menton peu fourni de barbe ; ses cheveux naturels, mêlés à une chevelure artificielle, s'y ajustaient avec tant d'adresse qu'il était peu de gens capables de découvrir cette fraude ; ses yeux étincelaient et brillaient d'un éclat surhumain ; sa voix sonnait doucement : il était de tout point irréprochable. » Ne sachant comment gagner sa vie, il s'avisa de se faire magicien. En Macédoine, il voit des serpents d'une grandeur considérable, mais si privés et si doux que les femmes peuvent les nourrir et les enfants les coucher dans leur berceau. Ce fut l'origine de sa fortune. Pour l'établir, il retourne dans sa ville natale, où il fait son entrée les cheveux flottants et bouclés, vêtu d'une robe de pourpre à raies blanches, avec un manteau blanc par dessus, une épée recourbée à la main, annonçant à tous qu'Esculape est venu dans la cité, qu'il l'a choisie comme demeure, qu'il se fera connaître quelque jour.

A la nuit noire, il se rend secrètement dans un temple que l'on était en train de bâtir ; les fondations en étaient encore fraîchement creusées et l'eau s'y était amassée. Il y dépose un œuf d'oie, qu'il avait préalablement vidé et dans lequel était enfermé un petit serpent nouveau-né ; il enfonce l'œuf dans une cavité pleine de vase et s'en va.

Le lendemain, au milieu du jour, il accourt à la place publique, sans autre vêtement qu'une ceinture brodée d'or, sa fameuse épée recourbée à la main, secouant sa chevelure flottante. Il monte sur une sorte d'autel d'où il harangue le peuple, le félicite de la visite prochaine de son dieu tutélaire et lui ordonne de le suivre jusqu'au temple. Là il se fait porter à l'endroit creusé qu'il appelle la Source même de l'oracle, entre dans l'eau en chantant à pleine voix un hymne en l'honneur d'Esculape et d'Apollon et prie le dieu de se révéler. Il demande alors une coupe, la plonge dans l'eau et tire du milieu de la vase l'œuf dans lequel le dieu était enfermé. Les spectateurs, les regards fixés sur lui, sont tout étonnés de voir qu'il a ainsi trouvé un œuf. Alexandre le casse dans le creux de sa main et leur montre le petit serpent qui s'enroule autour de ses doigts. La foule éclate en prières et en actions de grâce et l'on reconduit chez lui en triomphe le faux prophète. Sa réputation était faite ; il n'avait plus désormais qu'à l'exploiter. Il en vécut jusqu'à 70 ans. On s'aperçut alors seulement, en lui donnant une douche pour calmer la maladie qui devait l'emporter, qu'il était chauve et qu'il n'avait pas plus de pouvoir contre la fièvre que de cheveux. Ce qui n'empêcha pas des charlatans de l'imiter et le public d'avoir recours à eux.

C'est qu'il aurait été bien embarrassé, pour obtenir ce qu'il demandait à la magie, de s'adresser à d'autres qu'à des gens de leur espèce ; ses exigences réclamaient non seulement des auxiliaires complaisants, mais, à proprement parler, des complices.

Car il s'agissait, la plupart du temps, de réaliser par des moyens illicites, en violentant les lois de la nature, quelque projet nuisible aux hommes ou aux choses. Tantôt on se contentait de vouloir causer des dommages aux biens d'autrui, par vengeance ou par intérêt; par exemple on cherchait à faire éclater des orages sur les vignes d'un adversaire, ou à rassembler dans son jardin tous les rats de la région pour le dévaster; de plus audacieux n'hésitaient pas à tâcher d'attirer sur leurs terres les fruits des champs voisins. Tantôt on s'attaquait aux personnes, à leur santé, à leur mémoire, à leur esprit, à leur vie même. On prétendait que si Caracalla était devenu fou, c'était à la suite d'incantations magiques ; la mort de Germanicus était due, au dire de ses amis, à des pratiques de sorcellerie. Tel fut aussi, suivant une tombe d'Afrique, le sort d'une jeune femme mariée à 15 ans et morte à 28 : « Elle n'a pas eu la mort qu'elle méritait. Longtemps elle fut alitée, enveloppée par des charmes. L'âme lui a été arrachée de force, elle ne l'a pas rendue à la nature. » Telle encore la destinée de ce jeune esclave de Livie, fille de Drusus César, dont l'épitaphe contient cette plainte touchante : « J'allais atteindre l'âge de quatre ans, je pouvais être la joie de ma mère et de mon père ; et voici que, par son art funeste, une cruelle sorcière m'a arraché la vie. »

D'autres fois, par une curiosité intéressée, on cherchait à deviner l'avenir, en évoquant les morts et en conjurant les esprits. On leur demandait naïvement de petits services ou de grosses indiscrétions.

Mais la grande affaire des sorciers était de servir les amoureux, de troubler à la demande des intéressés les cœurs insensibles, de venger les passions incomprises ou les trahisons, de réunir les amants séparés par quelque obstacle ou de séparer au profit d'un autre ceux qui étaient unis. Sans les querelles d'amour la sorcellerie n'aurait peut-être pas vécu aussi longtemps. Et aujourd'hui encore, s'il y a des tireuses de cartes et des diseuses de bonne aventure, c'est bien encore l'amour qui en est, en grande partie, responsable.

Mais on conçoit que, pour arriver à des résultats aussi surprenants, aussi contraires aux lois naturelles, il était nécessaire de multiplier les précautions et les conditions de succès.

Tout d'abord on exigeait de l'opérateur qu'il fût exempt de certains défauts, de tares corporelles. Il paraît, pour prendre un exemple très typique, que les dieux n'obéissaient pas à ceux qui avaient des taches de rousseur.

Ensuite on devait être lavé de toute impureté ; des ablutions d'huile, des frictions de graisse préparaient fort bien à agir avec efficacité sur les démons.

Dans plus d'un cas il était bon d'être à jeun.

La nature et la couleur du vêtement avaient aussi leur importance. On recommandait les habits flottants ou grossiers, les tuniques soit blanches, soit ornées de bandelettes de pourpre. Il était des cérémonies auxquelles on devait procéder tête nue, mais avec des chaussures.

L'opération ne pouvait pas être célébrée à n'importe quel moment ; il y avait des heures magiques. L'aube, le coucher du soleil étaient particulièrement favorables, ou bien encore les instants qui précédaient son lever. Si l'on pouvait agir la nuit, cela valait mieux encore : car c'est la période où brille la lune, c'est le domaine d'Hécate et de Séléné. Encore fallait-il savoir que les pratiques de sorcellerie réussissent mieux à la nouvelle lune ou à la pleine lune qu'à toute autre date du mois. Chaque cas, du reste, offrait quelque particularité qu'il importait de connaître. A les ignorer on couraît le plus grand risque de perdre sa peine.

Autre précaution. On devait avoir bien soin d'être instruit de ce qu'on nomme dans la langue de la magie les *rites de sortie*. Il ne servait de rien de bien commencer une cérémonie, ni même de la poursuivre dans les règles, si on n'était pas en mesure d'y mettre fin, d'en limiter les effets, d'en arrêter à temps les conséquences. C'était, en général, assez aisé : on jetait dans l'eau ou on enterrait les produits de l'opération magique ; de toute façon on les éliminait. Quelques mots bien appropriés avaient aussi le même résultat. Le tout était de ne point les ignorer, de ne pas se laisser imprudemment prendre au dépourvu. C'était là pour les apprentis un danger dont Lucien nous a gardé un plaisant exemple :

Un de ses héros, qu'il nomme Eucrate, raconte que voyageant en Egypte il fit la connaissance d'un certain Pancratès qui était fort versé dans les choses de la magie. Chaque fois que le navire sur lequel les deux compagnons remontaient le Nil s'arrêtait quelque part, Pancratès faisait une infinité de prodiges, montait à cheval sur les crocodiles, et nageait au milieu d'eux, ceux-ci s'inclinant devant lui et le caressant de leur queue. Bientôt, continue Eucrate, il m'engage à laisser mes esclaves à Memphis et à le suivre seul, me disant que nous ne manquerions pas de serviteurs. Et, en effet, voici ce que nous faisions.

Toutes les fois que nous arrivions dans un gîte, le magicien prenait le verrou de la porte, le balai ou le pilon; il l'habillait et, prononçant une formule, il le mettait en mouvement après lui avoir donné pour tous l'apparence d'un homme. Ce serviteur d'un nouveau genre allait, puisait de l'eau, faisait le marché, préparait la nourriture, bref nous venait en aide pour toutes choses. Quand Pancratès s'était assez servi de lui, il prononçait d'autres paroles. Le balai redevenait balai et le pilon, pilon. Je n'ai jamais pu obtenir, malgré mes efforts, qu'il me livrât son secret. Un jour, cependant, caché dans un coin obscur, je suis arrivé à saisir au vol l'incantation : elle était de trois syllabes. Le lendemain, comme mon Egyptien avait quelque affaire au forum, resté seul, je prends le pilon, je l'habille ; et ayant prononcé, comme mon maître, les fameuses syllabes, je lui ordonne d'apporter de l'eau. Il m'en apporte une pleine amphore. « Assez, lui dis-je, n'apporte plus d'eau, redeviens pilon. » Mais lui ne m'obéissait pas ; il continuait à apporter de l'eau, si bien que la maison en fut bientôt remplie. Je ne savais que faire ; je tremblais que Pancratès ne se mît en colère à son retour ; je saisis donc une hache et je coupe en deux le pilon. Voilà chaque moitié qui prend une amphore et se met à apporter de l'eau ; au lieu d'un valet, j'en avais deux. Sur ces entrefaites, Pancratès revient, comprend ce qui s'est passé, prononce les formules nécessaires et les bois redeviennent bois. Pour lui, il se rend invisible et m'abandonne sans que je sache ce qu'il est devenu.

Vous reconnaissez dans cette aventure le sujet que Goethe devait reprendre plus tard dans son *Apprenti magicien*.

Toute cérémonie magique comprend des gestes et des paroles. Les gestes ne semblent pas avoir été très variés ; ils ne pouvaient guère l'être. On élevait la main en étendant certains doigts, le pouce, le médium et l'annulaire et en repliant les autres ; ou encore l'on faisait un signe avec le pouce et le médium rapprochés. Si l'on cueillait quelque plante à vertu magique, on devait la saisir entre le pouce et le quatrième doigt qui est appelé, pour cela, doigt médicinal. Très souvent on crachait par terre ou sur l'objet que l'on maniait : cela était, paraît-il, de la dernière efficacité. Nous en verrons plus loin des exemples.

Au contraire les paroles, les formules offrent

la plus grande diversité. Dans le cas le plus commun le rite verbal précise le sens de l'acte magique. Ramasse-t-on des simples ? Il faut dire pour qui on les ramasse, nommer avec précision l'homme ou la femme qui pâtiront de la récolte ou en bénéficieront. Pour éviter des erreurs, il est même bon d'indiquer le nom de son père ou plutôt de sa mère — ce qui est plus sûr — et de mentionner un à un tous les éléments qui peuvent servir à limiter le champ de l'opération.

La parole magique peut aussi avoir pour fin de gagner à l'opérateur la faveur des démons en leur promettant de se soumettre à certaines mortifications. On prononcera, par suite, des vœux ; on s'engagera à ne pas manger de cerises de l'année ou même à s'abstenir d'ail pendant le même temps. Autre procédé : réciter des prières, inviter, par exemple, la maladie à quitter le patient : « Va-t-en, dira-t-on ; va-t-en, goutte ; va-t-en, douleur nerveuse de mes pieds et de mes membres. »

Si la prière ne suffit pas, on emploiera la menace ; on essaiera d'effrayer l'esprit ou l'être qu'on exorcise en lui parlant d'une puissance supérieure : « Sors de cet homme ; car Salomon te poursuit ! » Au lieu de Salomon, on nommera Neptune, ou l'archange Allaph ou tout autre épouvantail. L'intention sera la même, comme aussi l'effet prévu.

Jusqu'ici rien que de très compréhensible. Voici qui est plus singulier. Il est des phrases qui, sans être des prières, des vœux ou des menaces nettement exprimées avaient, pensait-on, une véritable efficacité. Elles résument, racontent ou font, à mots couverts, allusion à des aventures connues, qui ont naturellement quelque rapport avec le but qu'on veut atteindre. Qu'on me permette d'en citer deux spécimens :

« Pour guérir les tranchées chez les hommes et chez les animaux, dit un formulaire, on devra frotter le ventre malade avec le pouce et les deux doigts les plus courts en récitant cette phrase : Il y avait un arbre au milieu de la mer, auquel était pendu un seau rempli d'entrailles humaines. Trois vierges l'entouraient : deux attachaient le seau, la troisième le détachait. » Les trois vierges, ce sont les Parques dont la troisième a pour mission de mettre un terme aux choses de ce monde ; le seau détaché de l'arbre et tombant à la mer est le symbole de la maladie que la parole du magicien fait disparaître.

Voici encore une autre façon de calmer les douleurs de ventre : « Frotter l'endroit malade en disant : le loup rôdait sur la route, sur le sentier; il dévorait des chairs crues, il buvait des choses liquides. » A première vue cette phrase semble n'avoir rien de commun avec les maux d'intestins; en y réfléchissant on voit qu'elle indique d'une façon détournée la cause possible du mal; en la proclamant on mettait ce mal sous la dépendance du magicien : il était vaincu.

Mais les paroles les plus puissantes étaient ces incantations incompréhensibles, noms divins ou formules saintes, déformées, allongées, où les syllabes caractéristiques étaient affublées de suffixes et d'éléments parasites qui les rendaient méconnaissables, ou bien présentées dans un ordre quelconque, comme si l'on s'était amusé à brouiller toutes les lettres du mot.

Ainsi, pour invoquer le dieu Eulamon, divinité qui semble un composé d'Osiris et d'Ammon, au lieu de prononcer simplement son nom, on disait :

Eulamon
Vlamone
Lamoneu
Amoneul
Moneula
Oneulam
Neulamo

Dans cette catégorie rentrent ce qu'on appelait les *lettres éphésiennes* parce que les premières connues avaient été inscrites sur le piédestal de la statue d'Artémis à Éphèse : elles consistent en un ensemble de lettres qui constituent des mots presque impossibles à prononcer. La condition première, pour qu'elles eussent une valeur magique, était qu'elles fussent conçues dans une langue inconnue aux hommes, car elles avaient un sens, nous affirme-t-on, dans la langue des dieux ; et c'était là l'essentiel. Un grand nombre de ces mots étaient empruntés aux dialectes barbares, surtout aux dialectes orientaux. Le magicien devait les prononcer plusieurs fois, sans changement aucun ; toute omission, toute interversion pouvait rendre l'opération stérile. Et ce n'était point là chose facile lorsqu'il s'agissait, par exemple, de réciter des formules connue :

Adam, bedam, alam, betur, alam, botum

ou encore :

Βαχυχ, Βαχαχυχ, Βαζαχυχ, Βαζαχαχυχ, Βαχαξιχυχ, Βαδεγοφωθφθωσιρω.

Si je me suis autant étendu sur ces détails, c'est pour vous prouver que, dans les actes de sorcellerie, tout devait concourir au but final, le milieu, l'heure choisie, le geste, la parole. Rien dans cette pseudo-science ne semblait indifférent; et il y avait de la méthode dans ces insanités.

De même la magie mettait à contribution tout ce qui existait, aussi bien les choses inanimées que les êtres vivants, surtout les plantes et les animaux.

Parmi les plantes, on trouve mentionnées de préférence, comme douées d'une vertu particulière, certaines espèces : le laurier, la mauve, l'ellébore, la pomme, la mandragore et bien d'autres qu'il est inutile de vous citer. Je me contenterai de vous signaler quelques recettes, afin de vous montrer quel usage on faisait des plantes.

Pour guérir les maladies d'yeux : cueillez de la camomille avant le lever du soleil en disant : Je te cueille pour soulager les opthalmies. Portez-la attachée à vous ; cela vous fera du bien.

Contre la fièvre tierce : Allez dans la campagne et cherchez la plante nommée cataire. Prenez-la à deux mains et tordez-la tant que vous pourrez; puis placez par dessus une grosse pierre et dites : Cataire, si tu nous guéris, je te donnerai un verre d'eau.

Contre l'ivresse : Coupez une racine d'anémone, enlevez-la et jetez à sa place une pièce de monnaie quelconque. En l'enlevant dites : Je t'enlève, anémone, pour que tu sois un remède contre l'ivresse. Portez-la ensuite enveloppée dans un bout d'étoffe écarlate. On dit que c'est d'un effet surprenant.

La cire, le miel et la farine étaient également employés comme véhicules et mélangés à d'autres substances aptes à jouer un rôle actif. Ainsi, suivant Pline l'Ancien, on pouvait guérir la fièvre quarte, tierce ou même quotidienne en prenant des rognures d'ongles de pied ou de main venant du fiévreux, en les mélangeant avec de la cire et en allant, avant le lever du jour, coller le tout sur la porte d'une maison voisine.

Après les plantes, les animaux. Un certain nombre étaient utilisés par la magie : principalement les oiseaux de nuit ou encore les bêtes qui se cachent sous terre, comme les serpents et les rats.

Sur eux le magicien avait un grand pouvoir : ils ne résistaient pas à sa voix. S'agissait-il de rats qui dévastaient un champ, il n'avait qu'à dire : « Je vous exorcise, ô rats qui êtes ici, pour que vous ne me nuisiez pas, pour que vous ne me fassiez pas nuire par d'autres. Je vous abandonne le champ d'un tel — par exemple celui d'un voisin ou d'un camarade — et, si je vous prends encore ici, avec l'aide de la mère des dieux, je vous séparerai en sept morceaux. » Et les rats terrifiés s'enfuyaient.

On connaît l'histoire de ce sorcier dont Lucien se moque et qui, lui, était tout puissant sur les serpents :

« Le magicien va le matin à la campagne ; et, prenant dans un vieux livre sept noms sacrés, les prononce ; puis il purifie le lieu avec du soufre et fait trois fois le tour du champ la torche à la main ; c'était pour chasser les serpents qui y demeuraient. Eux venaient en foule, attirés par ses incantations : reptiles de toute sorte, aspics, vipères, cérastes, couleuvres, crapauds, mâles et femelles. Un seul était demeuré, un vieux serpent, que son âge empêchait de ramper et qui ne pouvait obéir. Le magicien avait compris que tous n'étaient pas là. Il envoya donc le plus jeune des reptiles en ambassade auprès du serpent. Et peu après celui-ci arrivait à son tour. Quand ils furent tous réunis, le Babylonien souffla sur eux et, à notre grand étonnement, ils furent consumés par ce souffle. »

A quoi l'incrédule à qui on conte cette histoire pose la question suivante : Le plus jeune, l'ambassadeur, conduisait-il le vieux par la main, ou si celui-ci s'appuyait sur un bâton ?

Mais pour un incrédule de cette sorte il y avait

mille croyants, tous persuadés que les animaux constituaient d'excellents intermédiaires agissant par sympathie ; on les substituait donc tout simplement au sujet lui-même que l'on visait et l'on produisait directement sur eux l'effet que l'on souhaitait produire sur l'autre. Ainsi on cherchait à leur transférer une maladie que l'on voulait guérir.

Avait-on été piqué par un scorpion, on n'avait qu'à aviser un âne, à s'approcher de lui, à lui conter son cas à l'oreille avec les formules appropriées et le mal passait à l'animal.

Étiez-vous affligé d'un coryza rebelle, vous embrassiez une mule sur le museau en faisant un certain geste et la bête prenait votre rhume.

Pour guérir les rages de dents : tête nue et chaussé, les pieds sur la terre nue, debout, vous preniez une grenouille, vous lui ouvriez la bouche, vous lui crachiez dedans et vous la priiez d'emporter avec elle votre douleur ; puis vous lui donniez la liberté ; et aussitôt votre souffrance s'apaisait.

Pour rendre muet un ennemi, il suffisait à une sorcière de coudre la bouche d'un poisson et de lui transpercer la tête d'une épingle.

Je me reproche de citer de pareilles inepties ;

mais encore fallait-il montrer par des exemples précis que ces misérables pratiques reposaient toutes sur des semblants de raisonnements et n'étaient point seulement, ainsi qu'on pourrait le croire tout d'abord, le produit de spéculations de charlatans.

Aussi, comme les sorciers et les sorcières ne pouvaient pas posséder dans leur tête toutes les recettes qu'ils mettaient en pratique, il existait des manuels à l'usage des magiciens. Nous avons vu tout à l'heure le charmeur de serpents de Lucien feuilleter un gros livre avant d'opérer. De ces livres, il est question plus d'une fois dans les auteurs ou même dans les textes législatifs, ceux-ci ayant dû intervenir de nouveau à l'époque impériale pour interdire aux particuliers l'usage des recueils magiques (*libri magicae artis*). Les peines qu'ils édictent sont assez sévères : ceux qui auront désobéi seront privés de leurs biens, les grimoires seront publiquement brûlés et leurs possesseurs déportés dans une île.

Nous n'avons pas malheureusement conservé de manuels de cette sorte ; mais nous pouvons nous rendre compte assez exactement de leur contenu.

On sait, en effet, que le sol de l'Égypte, qui conserve tout ce qu'on lui confie, nous a rendu dans ce siècle et surtout depuis quelques années une quantité de papyrus que recouvraient les ruines des villes antiques ou qui avaient été employés dans les cartonnages de momies. Parmi ces papyrus, il en est un grand nombre qui contiennent des recettes de sorcellerie. Tous les grands Musées en possèdent : ceux de Leyde, de Berlin, de Paris, de Londres ; beaucoup ont été publiés ; il y en a encore beaucoup d'inédits. Ils nous ont plus appris sur la magie antique que tous les auteurs réunis. Il suffit de les mettre les uns au bout des autres pour reconstituer les recueils des sorciers d'autrefois.

Il est encore une autre source de documents auxquels nous sommes redevables de précieux renseignements; on les appelle d'habitude « tablettes d'exécration ». En général ce sont des lamelles de plomb, plus ou moins épaisses, sur lesquelles un sorcier a inscrit de longues formules, des imprécations, des signes cabalistiques. On choisissait le plomb de préférence à un autre métal à cause de son bas prix et aussi parce qu'il était réputé posséder une vertu magique; c'est le métal consacré à la mort et aux dieux infernaux. On y gravait un appel aux puissances occultes contre l'individu auquel on voulait nuire, puis on roulait la lamelle sur elle-même, on la transperçait d'un ou plusieurs clous qui servaient à la clore et qui possédaient en même temps une puissance magique — le clou d'airain était l'emblème de la Nécessité — et on allait ensuite les enterrer dans quelque lieu secret, le plus souvent dans des cimetières. Lorsqu'on le pouvait, on les glissait dans une tombe, par l'ouverture ménagée à dessein pour les libations. Les plus avisés choisissaient la sépulture des enfants ou des personnes mortes de mort violente, parce que ceux qui sont ainsi enlevés prématurément devaient achever le nombre d'années à eux dévolues par le destin soit dans le tombeau, soit aux environs : c'étaient des auxiliaires tout trouvés pour les magiciens et des auxiliaires d'autant plus dévoués que leurs âmes devaient être aigries par leur infortune et prêtes à seconder toutes les vengeances. Et de fait, c'est dans des tombes de cette sorte qu'on a recueilli la majorité des plaquettes magiques.

La plupart du temps, elles contiennent des menaces d'amoureux. On y devine aisément tout un roman de cœur ; affection déçue ou trahie, brouille dans un ménage, froideur d'une femme ou indifférence d'un homme, haine d'un rival. Il faut à tout prix se débarrasser de l'un, rentrer en grâce auprès de l'autre : quoi de plus simple que d'aller trouver un sorcier, de lui conter ses griefs et d'obtenir de lui quelque sortilège?

Recevait-il la visite d'une femme amoureuse, qui ne pouvait pas triompher de l'objet aimé, il allait chercher dans sa provision de recettes magiques une formule efficace, l'adaptait au cas spécial et gravait à la pointe sur une feuille de plomb l'imprécation suivante :

« Je t'adjure au nom du grand Dieu (Osiris), au nom des Anteros (dieux qui vengent les amants délaissés), au nom de Celui qui porte un épervier sur la tête (Horus), au nom des sept planètes ; fais en sorte que, à partir de l'heure où j'écris ceci, Sextilius, fils de Dionysia, ne puisse plus dormir ; qu'il soit consumé d'ardeur ; qu'il ne puisse plus, ni dormir, ni s'asseoir, ni parler ; qu'il m'ait toujours présente à l'esprit, moi, Septima, fille d'Amoena. Que, furieux, il brûle d'amour et de désir pour moi. Qu'il brûle dans son âme et dans son cœur, Sextilius, fils de Dionysia ; qu'il brûle d'amour et de désir pour moi, Septima, fille d'Amoena. Et toi Abar, Barbarie, Eloee, Sabaoth, Pachnoufu, Putipemi, fais que Sextilius, fils de Dionysia ne puisse plus dormir ; mais qu'il brûle d'amour et de désir pour moi ; que son esprit et son cœur soient consumés et tous les membres de son corps, à lui Sextilius, fils de Dionysia. Et s'il n'en est point ainsi je descendrai dans la cachette d'Osiris, je briserai son cercueil et je le jetterai à l'eau pour que le fleuve l'emporte. Car je suis le grand décan de Dieu, du grand Dieu. »

Nous aimons à penser que Sextilius vint humblement demander son pardon à Septima, à la suite de cette opération, et qu'ils vécurent dès lors dans les meilleurs termes.

Pour une femme, qui avait à se venger d'une rivale, le sorcier rédigeait ce qui suit :

« Je t'invoque, toi qui as pouvoir sur les instruments de torture infernaux et je te recommande Julia Faustilla, fille de Marius ; emmène-la, au plus vite avec toi et range-la au nombre des morts. »

Ou, s'il voulait être tout à fait précis et entrer dans tous les détails, afin d'éviter toute erreur, il écrivait :

« Je dévoue aux démons Rufa : je dévoue ses mains, ses dents, ses yeux, ses bras, son ventre, ses mamelles, sa poitrine, ses os, son ventre, ses jambes, sa bouche, ses pieds, son front, ses ongles, ses doigts, son ventre, son nombril : toutes les parties du corps de Rufa je les dévoue sur ces tablettes. »

Voilà ce que l'amour ou la jalousie obtenaient des sorciers. Voici maintenant ce que leur demandait une autre passion qui, sans être inconnue à notre époque, y sévit avec moins d'ardeur : la passion des courses. Nul n'ignore la place que tenaient les jeux du cirque dans la vie des Romains ; je ne répéterai point ici ce qui a déjà été dit tant de fois. On sait aussi que l'on décernait aux vainqueurs des prix dont le montant pouvait être fort élevé. Un cocher nous a indiqué sur sa tombe le total des sommes qu'il gagna durant sa vie : 1.558.346 sesterces, quelque chose comme 350.000 francs de notre monnaie. Les prix variaient entre 30.000 et 50.000 sesterces, entre 6.000 et 10.000 francs. Les cochers avaient donc à devancer leurs adversaires, non seulement un intérêt de vanité mais aussi un gros intérêt pécuniaire. Mais qui pouvait affirmer à chaque concurrent, la veille d'une course, que ses chevaux seraient en bon état, qu'il n'y aurait pas d'accidents, qu'il garderait tout son sang-froid? Heureusement la magie fournissait des moyens de se tirer d'affaire. On allait trouver quelque habile homme au courant des recettes les meilleures, on lui versait une juste rémunération et il vous remettait en échange une lamelle de plomb couverte de lettres cabalistiques et d'incantations. Il y avait inscrit les noms des cochers et des chevaux du parti adverse qu'il enveloppait dans des formules magiques, dans des malédictions, dans des prières. La tablette suivante, qui provient de Carthage, donnera une idée très précise de ces sortes de documents.

Le sorcier y avait inscrit d'abord une ligne de signes magiques; au-dessous et comme au centre du cadre il avait tracé une figure de forme ovale où l'on a voulu voir l'image d'un cirque; au-dessous encore certaines barres verticales auraient figuré les *carceres*, les écuries d'où sortaient les chars au commencement de chaque course. A droite et à gauche il avait gravé les noms des chevaux visés par l'incantation et enfin, en bordure, toute une série de lettres cabalistiques. Celles-ci se répétaient ensuite en plusieurs lignes au-dessous de la figure centrale; si bien que cirque et chevaux étaient enveloppés comme dans un réseau de signes qui les emprisonnaient. Les dernières lignes du document contiennent la prière qui explique la raison d'être de la plaquette, le but visé par l'opération : « Je t'évoque, démon qui reposes ici; je te livre ces chevaux pour que tu les retiennes, pour qu'ils s'embarrassent dans les rênes et ne puissent plus remuer. »

Au lieu du cirque on pouvait dessiner un cheval abattu, tombé sur les genoux ou toute autre

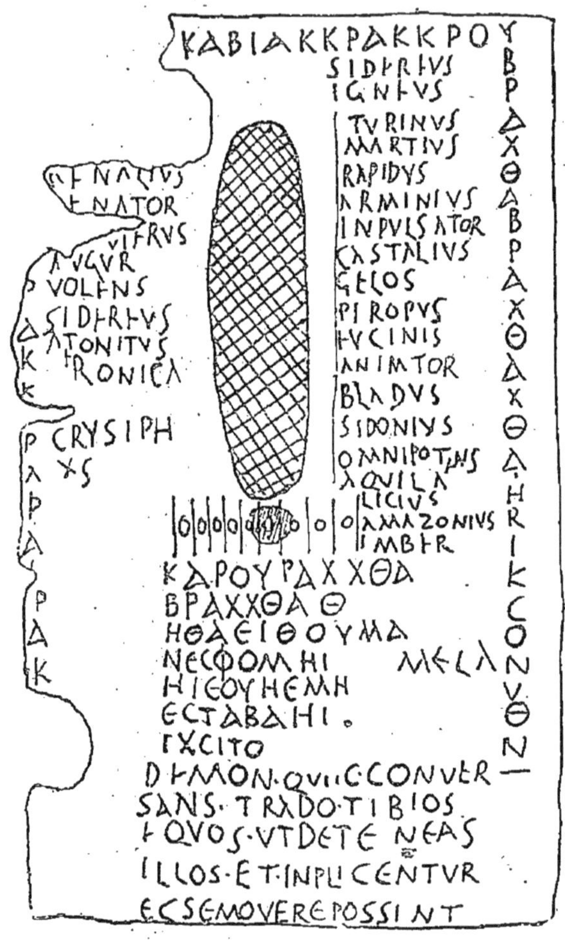

image rappelant les courses et les êtres qui y étaient engagés.

Muni de ce talisman le cocher, peu délicat en

somme, qui l'avait acquis, sortait secrètement le soir de sa maison, entrait doucement dans ces immenses cimetières qui entouraient autrefois la ville de Carthage, choisissait quelque tombe à lui connue et y introduisait son talisman. Le lendemain il affrontait avec plus d'assurance l'épreuve décisive. S'il ne gagnait pas le prix, c'est qu'il y avait eu quelque maladresse commise, que les démons avaient trouvé moyen de se soustraire à son incantation ou n'avaient pas voulu se prêter à ce que l'on attendait d'eux. Il en était quitte pour recommencer la fois suivante avec plus de précautions.

Encore fallait-il s'estimer heureux que l'opération ne se fût pas retournée contre vous ; car, à se servir mal des choses de la magie, on s'exposait à de fâcheuses aventures. Lucius, le héros d'un roman de Lucien et de l'*Ane d'or* d'Apulée, l'apprit à ses dépens.

Lucius voyageait en Thessalie; il fut reçu dans la maison d'un homme qui se nommait Hipparque. Or ce Lucius désirait vivement trouver dans le pays une magicienne savante qui lui fît voir quelque spectacle merveilleux. Le hasard l'avait servi à souhait, car la femme de son hôte était précisément une magicienne. Pour arriver à saisir ses secrets et assister à ses opérations, il eut recours à un procédé classique dans la vie comme au théâtre, il gagna la servante.

« Bonne nouvelle, vint un jour lui dire celle-ci : ma maîtresse n'ayant pu trouver d'autres procédés pour réussir dans ses amours doit, la nuit prochaine, se changer en oiseau et voler, sous cette forme, où son cœur l'appelle ». A la première heure de la nuit, continue Lucius, elle-même me fit monter sur la pointe du pied et à pas de loup jusqu'au belvédère de la maison et m'installa à la porte. Je regardai par les fentes et voici ce dont je fus témoin :

La magicienne commence, avant tout, par se déshabiller entièrement ; puis elle ouvre un petit coffre et en tire plusieurs boîtes ; elle ôte le couvercle de l'une d'elle, et, prenant certaine pommade, elle en frotte longtemps le creux de ses mains qu'elle se passe sur tout le corps depuis la plante des pieds jusqu'au bout des cheveux. Ensuite, après avoir longuement chuchoté avec sa lanterne, elle donne une petite secousse à ses membres qui obéissent à un mouvement imperceptible d'ondulation. Un duvet léger paraît d'abord, puis de fortes plumes ; son nez se recourbe et se durcit ; ses ongles se resserrent et deviennent crochus : elle est métamorphosée en hibou. Dans cet état elle jette un cri plaintif et, après avoir voltigé quelque temps à fleur de terre pour s'essayer, bientôt elle prend son vol, s'élève et s'échappe de la chambre à tire-d'aile.

J'étais, à cette vue, comme un hébété; mon étonnement tenait de la démence; je rêvais tout éveillé et me frottais les paupières à plusieurs reprises, je cherchais à m'assurer que ce n'était pas un songe. Lorsqu'enfin je fus revenu à moi, je supplie Palestra — c'était le nom de la servante — de m'aider à opérer sur moi la même métamorphose; longtemps elle résiste; enfin, elle finit par y consentir. Elle pénètre dans l'intérieur de la chambre, et tire du petit coffre une boîte que je couvre de baisers. Je me débarrasse en hâte de tous mes vêtements; je plonge avidement les mains et prenant le plus de pommade que je puis, je me mets à m'en frotter par tout le corps. Je balance ensuite alternativement mes deux bras et je cherche à imiter les mouvements d'un oiseau. De duvet, point, de plumes, pas davantage; mais les poils de mon corps se durcissent comme des soies; ma peau devient un cuir horriblement dur; au bout de chacun de mes pieds, de chacune de mes mains il se forme un sabot; du bas de l'échine il me sort une longue queue; mon visage perd toutes ses proportions, ma bouche s'agrandit, mes narines s'élargissent, mes lèvres deviennent pendantes; mes oreilles se hérissent et croissent d'une façon démesurée. Je considère toute ma personne : je n'étais pas oiseau; j'étais un âne. Outré de l'action de Palestra, mais déjà privé à la fois du geste et de la voix d'un homme, je ne pus qu'abaisser ma lèvre inférieure, regarder de côté la coupable avec des yeux humides et lui adresser une prière muette : « Malheureuse que je suis, s'écria-t-elle! j'ai commis une méprise et la ressemblance des boîtes m'a trompée. Mais par bonheur le remède est facile : quand vous aurez seulement mâché des roses, vous quitterez cette figure d'âne et vous redeviendrez Lucius. »

Inutile de vous dire, qu'après un certain nombre d'aventures, nécessaires au développement du roman, Lucius fut, de nouveau, métamorphosé en homme.

Singulière histoire, n'est-ce pas, que l'auteur ne donne pas comme véridique assurément. Il a fait en l'imaginant œuvre de romancier; et les romanciers ont toujours usé du merveilleux où qu'ils le trouvent; il n'y a pas, pour eux, de plus puissant moyen d'intéresser le lecteur.

Pourtant de semblables inventions ne dépassaient pas beaucoup les croyances populaires. Dans les quartiers mal famés de Rome, au fond de petites cités grecques de l'Orient ou dans les taudis de Carthage, il n'est pouvoir extraordinaire qu'on n'ait attribué aux sorciers, métamorphoses dont on ne les ait crus capables. C'était un jeu pour eux d'arrêter les astres dans leur cours, de faire descendre la lune du Ciel ou remonter les fleuves vers leur source; ils prenaient toutes les formes pour voler dans les airs ou se glisser dans les maisons; tour à tour ils se changeaient en oiseaux, en chiens, en rats, en mouches même; rien ne leur était impossible.

Il n'est crime, non plus, dont on ne les chargeât. Horace, au début de l'Empire, nous montrait Canidie les cheveux épars et entrelacés de vipères, enterrant un enfant jusqu'à la tête et le laissant mourir de faim pour en retirer ensuite le foie et la moelle; les mêmes fables continuent à se répéter de génération en génération; on reste persuadé que les magiciens accomplissent des sacrifices sanglants et des cérémonies coupables. A en croire la légende de saint Cyprien le magicien, avant sa conversion ce confesseur aurait vu des sorciers couper en morceaux, étrangler, dépecer des enfants à la mamelle; trancher la tête à des étrangers, mettre à mort des jeunes filles et faire des libations de leur sang, enfin commettre toutes les abominations imaginables.

Ce fut là une des grosses accusations que l'on dirigea contre les chrétiens. Et, à vrai dire, le secret dont ils entouraient leurs réunions, les signes mystérieux qu'ils employaient entre eux, les miracles qu'ils attribuaient à leur divin maître et à ses disciples étaient bien faits pour exciter contre eux les soupçons des foules ignorantes, pour qui le merveilleux et la sorcellerie étaient tout un. Aussi le mot de sorcellerie devint bien vite une arme terrible entre les mains de leurs accusateurs. Tout ce qui étonnait dans leur conduite passait aux yeux de leurs ennemis pour maléfices; chantaient-ils des cantiques dans leur prison, c'étaient des prières magiques qu'ils récitaient; leur impassibilité dans les tortures était le résultat de pratiques occultes; le baptême lui-même ne différait en rien de ces onctions dont la magie était coutumière. Accusations qui n'eussent été que des sottises sans importance, si elles n'avaient abouti aux plus cruels supplices et à la mort!

Bientôt les choses se retournent; le christianisme est victorieux et les empereurs deviennent les défenseurs acharnés de la religion que leurs prédécesseurs persécutaient. Voici renaître les mêmes insinuations, cette fois dirigées contre les païens; on fait revivre les anciennes lois portées contre la sorcellerie, on les aggrave, on les étend. Les manifestations du culte vaincu, les sacrifices dans les temples, les consultations des haruspices, qui inspectent le foie ou les entrailles des victimes, pour en tirer quelque présage, les oracles, tout cela devient, suivant les expressions mêmes du Code « prières défendues, artifices magiques, sacrifices funestes », tout cela entraîne maintenant le bannissement ou la mort. La religion a changé, l'intolérance est demeurée la même. Suivant la folle habitude de notre misérable humanité la violence fait suite à la violence et le sang est racheté par le sang.

Encore si tous ces crimes avaient porté leur fruit; si cet échange de cruautés successives avait corrigé les hommes de leurs absurdes croyances, nous pourrions lui accorder quelque excuse; mais la sorcellerie en fut à peine effleurée; nous la retrouvons au moyen-âge et jusque dans les temps modernes aussi vivace que sous les Romains. On continua jusqu'au XVIIIe siècle à tuer et à brûler les sorciers et les sorcières, sans avoir raison de la magie. Car la crédulité est une maladie incurable de l'esprit humain.

Qui oserait même affirmer qu'aujourd'hui cette maladie a disparu? Chacun sait aussi bien que moi que dans le peuple, surtout à la campagne, les sortilèges et les sorciers sont encore en faveur. Peut-on avancer du moins que les gens, soi-disant éclairés, ne méritent en aucune façon le même reproche? Je n'affirme pas qu'ils croient fermement à ces choses, comme leurs ancêtres, mais plus d'un, j'en suis persuadé, conserve encore quelques doutes au fond du cœur et dirait volontiers avec La Bruyère :

« Que penser de la magie et du sortilège? La théorie en est obscurcie, les principes vagues, incertains et qui approchent du visionnaire; mais il y a des faits embarrassants, affirmés par des hommes graves qui les ont vus; les admettre tous ou les nier tous paraît un égal inconvénient et j'ose dire qu'en cela comme en toutes les choses extraordinaires et qui sortent des communes règles, il y a un parti à trouver entre les âmes crédules et les esprits forts. »

TABLE DES MATIÈRES

DU TOME XV

Pages.

ANGERS. — IMPRIMERIE ORIENTALE A. BURDIN ET Cie.

R

N

de

rCE.
ANT,
sins

DU
étré

E-

ANGERS. — IMPRIMERIE A. BURDIN ET Cie, 4, RUE GARNIER

www.ingramcontent.com/pod-product-compliance
Ingram Content Group UK Ltd.
Pitfield, Milton Keynes, MK11 3LW, UK
UKHW012032240726
13965UKWH00002B/735